DESCOBRINDO UM
LAR
Feliz

Apoios

As memórias de Jill oferecem um olhar para uma vida excepcional de confiança resiliente, fé obediente, esperança inabalável e amor duradouro. Sua vida mostra o que pode acontecer quando se diz "sim" a Deus. Seu relato não só abre novas portas de oportunidade, mas também dá esperança a inúmeros outros que foram abandonados na vida. Lar é um lugar onde somos bem-vindos sem interesses. Lar é um lugar onde pertencemos. Lar é um lugar onde outras pessoas podem encontrar refúgio.

Oferecer um lar a crianças que não pertencem a lugar nenhum ou não têm qualquer outro tipo de refúgio é verdadeiramente exercer o ministério de Jesus; então vamos ler nesta jornada sobre como Deus pode transformar algo comum em algo sobrenatural. Sim, exigirá sacrifício obediente, mas o fruto dessa obediência abençoará gerações.

—Carolyn Ros
Autora, missionária, líder na JOCUM de Amsterdã

Jill e o marido, Paul, tornaram-se meus queridos amigos quando os nossos ministérios no Brasil se cruzaram há alguns anos. Quanto amor e determinação vejo nesta linda filha de Deus. Quando lerem a história de onde ela veio, o que ela passou e onde está agora, terão certeza de que nada é impossível para aqueles que acreditam! Para mim, é uma honra escrever uma recomendação para este livro inspirador sobre conquistar o mundo com fé. Jill, você é uma verdadeira inspiração.

—Brenda Toet
One in Him Foundation

Na verdade, não há maior apoio do que falar sobre o que vivemos. Sinceridade, amor, transparência e um relacionamento com o Pai são o que Jill leva com ela onde quer que vá e onde quer que Deus a coloque. O amor e o afeto que ela e o marido, Paul, têm pela nossa nação são belos; e a forma como Deus os trouxe para o Brasil é um verdadeiro milagre, que só pode ser experimentado por meio da fé.

Apesar de serem estrangeiros numa nação muito diferente da deles, sua coragem e ousadia são admiráveis. Entre muitas dificuldades, eles se permitiram experimentar algo completamente novo, guiados pelo Senhor e, ao dar apoio aos menos favorecidos, testemunharam em primeira mão uma linda história de milagres — tudo pela fé, literalmente. E hoje vemos o quanto o auxílio de Deus está em seus trabalhos e vidas.

Se o seu coração clama por uma experiência profunda com o Senhor, este livro vai exigir muito de ti! Todas as histórias que ela compartilha com tanto amor foram vividas intensamente, em uma vida de grande comunhão e entrega ao Senhor. Tenho a certeza de que esta leitura conduzirá você a um nível mais profundo com Deus e a uma nova história na sua própria vida.

—*Joice and Leandro Pasqualeti, Senior Pastors*
Comunidade evangélica Chamados Church, Holambra, Brasil

Fomos criados para pertencer e feitos para estar em família. Esta tem sido a missão de Paul e Jill van Opstal Popa: criar um lar feliz para pessoas que foram deixadas de lado. Neste livro incrível, Jill compartilha a jornada da sua vida, trabalhando com mais de duas mil crianças para proporcionar amor, cuidados e esperança para o futuro delas. Ela imbuiu nessas crianças o entendimento de que nasceram por uma razão e de que Deus tem um plano incrível para suas vidas.

Sem dúvida, você vai rir e chorar ao ler a história dela, mas, acima de tudo, encontrará esperança em um Deus que anseia que possamos encontrar n'Ele um lar feliz.

—*Andrew and Penny Toogood*
Fundadores e pastores da Exchange Church, em Belfast

É com grande honra que celebramos o Lar Feliz, uma instituição que tem sido um pilar fundamental no apoio e na proteção de crianças e adolescentes que enfrentam a vulnerabilidade social. Fundado em Jaguariúna, em 2 de maio de 2001, pelo casal missionário Paul van Opstal, de origem holandesa, e Jill Ann van Opstal, uma americana, o Lar Feliz foi criado com o objetivo de abrigar e proteger crianças e adolescentes que, por ordem judicial, foram retirados de suas famílias devido a situações de risco.

O Lar Feliz é uma organização não governamental que presta assistência institucional a crianças e adolescentes em situação de vulnerabilidade social, conforme descrito no Estatuto da Criança e do Adolescente (ECA). Esse cuidado é prestado por meio de medidas de proteção de abrigo, em conformidade com o artigo 101 do ECA. Sua missão é oferecer um ambiente acolhedor, com uma estrutura física adequada e o apoio necessário para garantir que essas crianças e adolescentes possam reconstruir suas vidas com segurança e dignidade.

O Lar Feliz é um exemplo de dedicação e compromisso com causas sociais, servindo como pioneiro na Região Metropolitana de Campinas e até mesmo em nível nacional, dada a complexidade dos serviços oferecidos. Eles trabalham incansavelmente para garantir que todas as crianças e adolescentes tenham seus direitos fundamentais garantidos. Mais do que apenas um abrigo, o principal objetivo do Lar Feliz é restabelecer os laços familiares sempre que possível, promovendo a reintegração dessas crianças e adolescentes às suas famílias e comunidades. Para isso, o projeto trabalha em colaboração com a rede de assistência social e outras organizações do município de Jaguariúna.

Paul e Jill transformaram vidas e construíram sonhos ao longo dos anos. Sua dedicação não apenas oferece abrigo e segurança, mas também oferece a essas crianças e adolescentes a oportunidade de um futuro melhor, longe da negligência, da violência e do abandono. O Lar Feliz é, sem dúvida, uma conquista significativa para a nossa cidade. Jaguariúna se orgulha de apoiar e colaborar com esta nobre iniciativa.

Que o Lar Feliz possa continuar sendo um exemplo de solidariedade e transformação social, inspirando a nossa comunidade a alcançar sempre aqueles que mais precisam

—Gustavo Reis
Prefeito de Jaguariúna

DESCOBRINDO UM
LAR
Feliz

UMA JORNADA
DE FÉ E
REDENÇÃO

JILL VAN OPSTAL-POPA

Ambassador International
GREENVILLE, SOUTH CAROLINA & BELFAST, NORTHERN IRELAND

www.ambassador-international.com

Descobrindo um Lar Feliz

Uma jornada de fé e redenção, um livro de memórias

ISBN: 978-1-64960-811-6, hardcover
ISBN: 978-1-64960-823-9, paperback
eISBN: 978-1-64960-821-5

Projeto da capa por Karen Slayne
Tipografia interior por Dentelle Design
Editado por Sara Johnson
Revisado por Jessica Steffen
Tradução de Juliana Mendes de Oliveira

As Escrituras foram retiradas da versão King James da Bíblia. Domínio Público.

Este trabalho descreve os acontecimentos reais na vida da autora de modo tão verdadeiro quanto a memória permite. Embora todas as pessoas e histórias sejam reais, os nomes e as caraterísticas de identificação foram alterados para respeitar a sua privacidade.

Os títulos da Ambassador International podem ser comprados em lotes para fins educacionais, empresariais, angariação de fundos, ou uso promocional de vendas. Para mais informações, envie um e-mail para sales@emeraldhouse.com.

AMBASSADOR INTERNATIONAL
Emerald House
411 University Ridge, Suite B14
Greenville, SC 29601
United States
www.ambassador-international.com

AMBASSADOR BOOKS
The Mount
2 Woodstock Link
Belfast, BT6 8DD
Northern Ireland, United Kingdom
www.ambassadormedia.co.uk

O colofão é uma marca registrada da Ambassador, uma editora cristã.

Para as crianças corajosas que vieram para o Lar Feliz, ou Happy Home em inglês, vocês estarão para sempre em nossos corações.

Para Isa e Jeremy, que privilégio é ser a mãe de vocês.

Para Henrique, nosso filho brasileiro, você nos deu música.

Para Paul, meu marido, você é o meu herói. Obrigada por amar Jesus com a sua vida.

Para a minha mãe, Judy, que nunca duvidou de que eu me tornaria escritora.

Para o nosso Deus, Jesus Cristo, seja toda a glória e honra.

Índice

Prefácio

Jill van Opstal-Popa é uma das pessoas mais genuínas e puras de coração que já conheci. Quando lerem este belo livro de memórias, vocês serão tocados e impactados pelas palavras e pela vida dela, enquanto chegam a vocês. Este livro compartilha as histórias não contadas de muitas crianças preciosas; e acredito, de certa forma, que vocês vão se ouvir e se ver nos relatos. Cada criança merece um lar feliz, e cada criança deve ser protegida e amada. Então, obrigada, Jill e Paul van Opstal, por criarem um lar feliz para as crianças de Deus.

—Tara McCauley, Assistant Pastor

Rhema Bible Church, África do Sul, Redemption Church, África do Sul e Holanda, e fundadora da Gracious Daughters International

Agradecimentos

Eu quero reconhecer toda a nossa equipe brasileira, com quem aprendemos muitas coisas, que sempre se dedica à excelência e sempre considera os direitos das crianças em primeiro lugar.

Quero agradecer a Jerry Jenkins e à Writers Guild por todas as instruções que me ajudaram a melhorar a minha arte.

À editora Ambassador International, sou muito grata pela oportunidade de trabalhar com vocês.

Quero agradecer à Claudia Paoliello Machado de Souza por dedicar seu tempo à tradução do meu primeiro livro para o português.

Para Ever San Laurenzo, obrigado pela sua bela arte.

Às nossas famílias nos EUA e na Holanda, obrigada pelo amor e apoio.

Quero agradecer às seguintes igrejas por todo o seu apoio e amor: Grace Bible Church, De Wijngaard, Barendrecht; Rhema Bible Church, África do Sul; Redemption Church, África do Sul e Holanda; Comunidade Novo e Livre; e Exchange Church, Belfast.

À Youth With a Mission, meu marido e eu somos frutos do seu trabalho.

Sigam firmes!

Linha do tempo dos lugares em que a Família Van Opstal morou

1990-1996
Morou em Amsterdã, Holanda

20 de dezembro de 1997 a 27 de fevereiro de 1998
Durante uma missão de curto prazo em São Paulo, Brasil

Março de 1998 a novembro de 1998
Morou em Amsterdã

13 de novembro de 1998
Morou em uma casa de hóspedes em Santo Antônio de Posse, Brasil

Natal de 1998
Mudou-se para uma fazenda no bairro Guedes

2 de maio de 2001
Abriu o Lar Feliz em uma fazenda perto de Holambra, em Jaguariúna

Abril de 2002
Mudou-se para a cidade de Holambra

Setembro de 2006
Comprou a nossa casa em Holambra

CAPÍTULO 1
Entre estrangeiros

"E Jesus lhe disse: As raposas têm tocas, e as aves do céu têm ninhos,
mas o Filho do homem não tem onde reclinar a sua cabeça".

Lucas 9:58

Campinas, Brasil
1999

O suor encharcava a camisa polo inteira do meu marido enquanto ele olhava para o relógio mais uma vez. Senti o rosto tão vermelho quanto pétalas de tulipas murchas. Tomei outro gole de água morna e tentei entreter nossas duas crianças inquietas, uma menina de quatro anos e um menino de dois anos recém-saído das fraldas, no calor implacável do Brasil. Com um baralho de cartas pegajoso de dedos de pirulito, distribuí outra rodada de Go Fish enquanto esperávamos no escritório da Polícia Federal, esperando e orando para conseguir vistos. Um missionário mais velho da nossa igreja em Ohio me disse que o Brasil não concedia mais vistos permanentes. Estaríamos perdendo tempo aqui? Um grupo variado sentou-se lá fora naquele dia sem brisa, cada um à espera do seu horário com a polícia. Uma mulher corpulenta, usando um conjunto clássico de poliéster, de cabelo loiro escuro lindamente enrolado em um coque no topo da cabeça, sentou-se ao nosso lado.

Algumas pessoas sussurravam em espanhol nas proximidades. Como estrangeiros, cada um ficou no seu canto, e ninguém tentou falar inglês.

Paul, meu marido, nos levou uma hora inteira antes do nosso agendamento. Eu havia embalado todo tipo de coisa essencial para ficarmos lá ao longo do dia. Minha bolsa de vinil lotada incluía suco, roupas extras, lenços e jogos, mas esqueci o protetor solar. A bolsa grudou feito cola na minha pele úmida.

Decidi tentar o jogo "O que é, o que é?" em vez de cartas. Os minutos transformaram-se em horas, e o tempo se arrastou como uma tartaruga lentamente indo para o mar.

— O que é, o que é? Uma coisa preta! — disse enquanto dois policiais saíam do edifício e entravam no carro sedã.

Isa, nossa filha, respondeu com um sorriso brilhante:

— A arma do policial! — como se tivesse acertado a resposta.

— Não, o carro dos policiais!

Um burburinho preencheu o lugar lotado enquanto esperávamos por notícias sobre nossos vistos. Eram 11h46, e o sol brilhante no céu claro estava a pino. Ao meio-dia, uma mulher de olhos castanhos, de fala suave, usando uma blusa e saia combinando, rapidamente deslizou a janela do escritório de imigração, fechando-a com um estrondo alto. Fomos deixados sozinhos fora da sala com os outros, sem saber o que fazer a seguir ou mesmo a quem poderíamos perguntar. Paul sugeriu que a única coisa lógica a fazer seria ir almoçar e voltar novamente quando o escritório abrisse às 14h00.

Cortamos as escadas vintage que estavam cobertas de vinhas e caminhamos meia quadra até um restaurante aberto nas proximidades. Como era de costume no Brasil, o almoço era servido em todos os restaurantes da cidade, sendo a refeição do meio do dia e a mais importante. Como era nosso costume, pedimos dois pratos com frango grelhado, arroz, feijão e salada, com uma porção extra de batatas fritas — sempre um bom jeito de distrair as crianças. Jeremy, nosso filho, não tocou sequer em um grão de feijão. Em vez disso, ele comeu um prato de arroz branco com alguns pedaços de frango e algumas batatas fritas quentes e crocantes, com um pouco de maionese ao lado. Ambas as crianças tomaram seu guaraná, um refrigerante doce brasileiro feito de uma frutinha encontrada na Amazônia.

O restaurante à sombra, no lado antigo de Campinas, tinha uma decoração pitoresca. Dentro, estava escuro por causa das janelas menores e das grandes árvores do lado de fora, no jardim. Estava consideravelmente mais fresco; e, depois da refeição caseira, estávamos prontos para enfrentar qualquer desafio. Paul pagou a conta, pegou as crianças pela mão e voltou alegremente ao departamento da Polícia Federal. Começou uma chuva suave à tarde, refrescando a temperatura.

Ao chegar, senti uma mudança na atmosfera. A tensão que estava escondida, invisível nos cantos, estava prestes a aparecer. Enquanto a auxiliar de limpeza limpava cuidadosamente o chão com uma toalha e um rodo, uma fragrância de lavanda encheu o ar. De repente, notei profundamente o som de sussurros sinistros. Algo ruim estava prestes a acontecer. A janela abriu-se ruidosamente, e a recepcionista gentilmente perguntou quem era o próximo da lista.

— Eu sou o líder do grupo aqui! — declarou um homem de estilo acadêmico, usando óculos sobre os seus olhos estreitos. Ele tirou um pedaço de papel amarelado do bolso do quadril que revelava uma lista de nomes escritos à caneta.

Eu não podia acreditar nos meus olhos enquanto tentávamos conciliar o que estava acontecendo e o que faríamos.

No início, Paul ficou sem palavras. Então, ele perguntou calmamente: — Quem pôs este homem no comando? O que lhe deu o direito de usurpar a autoridade da polícia?

Percebemos que, enquanto fomos almoçar, o resto do grupo ficou para trás e aproveitou a oportunidade de organizar uma lista e omitir a nossa família!

A mulher brasileira olhou cuidadosamente para o papel que lhe foi entregue e, olhando em nossa direção, disse:

— Desculpe! Vocês não estão na lista. Vocês terão que voltar amanhã!

— Não! — Paul bradou. — Não podemos voltar amanhã!

Caminhando até a janela, ele nervosamente tentou fazer algo, qualquer coisa, que nos conseguisse um atendimento no setor de vistos da polícia naquele dia.

— Viemos de Jaguariúna até esta cidade, e os nossos filhos estão com muito calor e cansados! Você não consegue ver o quanto é difícil? — perguntou ele, apontando a mão para mim e para as crianças, que ainda estavam tentando entender o que estava acontecendo.

A recepcionista olhou para mim, enquanto as lágrimas inundavam os meus olhos, dando-lhes a aparência do céu azul brilhante brasileiro. Ambas as crianças haviam atingido o limite de espera e estavam balançando os meus braços. Exausta e sem ideias, eu não conseguia mantê-los entretidos por mais um minuto sequer. As crianças estavam cansadas, suadas, pegajosas e infelizes. Estavam prontas para voltar para casa, já que haviam perdido a hora da soneca.

A recepcionista hesitou; e, de repente, a multidão começou a gritar coisas rudes em inglês, dizendo que a nossa família chegou tarde, quando, na verdade, fomos os primeiros a chegar lá. A mulher loira, com um conjunto de poliéster e sotaque russo, começou a gritar e a sacudir os braços, enquanto um homem sentado atrás disse entre os outros: "Coitadinhos dos americanos idiotas!"

Mesmo com tudo isso acontecendo, nada diminuiu a determinação de Paul. Ele não sairia da delegacia sem atendimento naquele dia, e os gritos deles tinham pouco ou nenhum efeito sobre ele.

— Essa lista de nomes não é válida — disse Paul com muita firmeza, sem se preocupar com o que os outros diziam ou pensavam. Ele é holandês, e a sua determinação lhe serviu.

— Vamos ter o nosso momento com a polícia de vistos hoje, de um jeito ou de outro — disse eu, enquanto olhava para os olhos de Paul.

A mulher examinou a lista de nomes, depois olhou para mim e para as crianças. Ela amassou o papel e o empurrou para o canto da mesa.

—Tudo bem, Senhor van Opstal, podem entrar e falar com a polícia de vistos.

Paul guiou a mim e as crianças para dentro antes que a recepcionista mudasse de ideia ou que os outros se agitassem. Recebemos o nosso protocolo, muitos formulários para preencher e, para o nosso alívio, um visto temporário. Não teríamos que voltar à polícia de vistos por um ano!

Nos cinco anos seguintes, renovamos nossos vistos temporários na Polícia Federal. Possivelmente por causa daquele nosso primeiro dia horrível, quando os outros estrangeiros conspiraram contra nós, a recepcionista gravou nossos rostos na memória.

Uma situação que parecia pronta para falhar, Deus fez dar certo — até que, um dia, tivemos motivo para celebrar!

Liguei para Ohio.

— Mãe, temos ótimas notícias! Você não vai acreditar!

— O que foi?

— Vamos receber os nossos vistos permanentes para o Brasil!

— Sério? Ouvi dizer que não era possível obter vistos permanentes no Brasil!

Só para mostrar a você que todas as coisas são possíveis para Deus!

Sorri enquanto desligava o telefone, e foi um dia em que a minha fé cresceu. Tive que me agarrar a essa fé porque aquele início agitado era apenas o começo de muitas aventuras e percalços, e a providência do Senhor, naquele dia, voltaria sempre à memória. Provavelmente, Deus nos quis aqui no Brasil. Afinal de contas, Ele não separou o Mar Vermelho, tornando possível ficar?

Enquanto as crianças dormiam e Paul foi para a cidade, eu estava completamente envolvida pela solidão. Eu estava aprendendo a viver em uma bolha de língua inglesa no interior brasileiro. Transferida da Holanda — uma terra eficiente e orientada pelo tempo —, nossa pequena família americano-holandesa foi apanhada e colocada em uma nação nova e selvagem chamada Brasil. Embora o slogan do país fosse "Ordem e Progresso", nenhum dos dois era visível ou real na época em que começamos a nossa vida lá. Nunca me senti tão sozinha e separada de tudo o que eu amava na vida.

CAPÍTULO 2
Sem lar

"Não há lugar como a nossa casa, não há lugar como a nossa casa."[1]

– Dorothy Gale

Eu não me lembro, mas me disseram que, quando assisti *O Mágico de Oz* quando era criança, mudei o meu nome para Dorothy e chamava o meu irmão Pete de Espantalho. O meu irmão Rick tornou-se o Homem de Lata, e o meu irmão mais novo, Jason, era o Leão Covarde. Mais tarde na vida, acabei indo para longe do Kansas, por assim dizer, em caminhos que eram desconhecidos. Tive que criar um lar em novos lugares, longe da minha família, longe de Ohio.

Quando criança, memorizei uma história sobre um coelho que procurava um lar. Onde quer que ele fosse, não era bem-vindo. Ele continuou a procurar um lar em todo lugar até finalmente encontrar outro coelho que lhe pediu para entrar e morar.

— *Posso entrar? — disse o coelho.*

— *Sim — disse o outro coelho.*

E assim, ele entrou. E aquela era a sua casa.[2]

---

1   *O Mágico de Oz* , dirigido por Victor Fleming (1939; Beverly Hills: Metro-Goldwyn-Mayer, 2005), DVD.
2   Margaret Wise Brown, *Home for a Bunny* (New York: Golden Books, 2012).

13

Quando adolescente, aprendi como era precioso ser recebida em um novo lar. Mudou tudo para mim, o caminho em que eu estava e a minha perspectiva de família. Em vez de ficar perdida, fui encontrada.

Quando eu tinha quinze anos, Pete, meu pai, morreu do que parecia ser um aneurisma, deixando a minha mãe, Judy Perry Popa, sozinha com cinco filhos. Tragicamente, o lar que eu conhecia foi virado de cabeça para baixo; e eu me vi vagando, de certa forma. Depois de algum tempo, minha mãe ficou noiva do meu padrasto, Lauren E. Baughman, que também era viúvo. A cerimônia de casamento foi realizada numa pequena igreja Metodista onde as duas famílias se uniram. Quando se casaram, tínhamos uma família combinada de dez pessoas. Os cinco da minha mãe — Susie, Pete, Rick, Jason e eu — e os três de Lauren — Larry, Debbie e Doug — formamos uma família bem misturada! Lauren se tornou um pai para todos nós. Ele o fez com um amor e uma facilidade incomuns.

Eu morei na casa de tijolos vermelhos de Lauren em Terrace Hills com os outros dois adolescentes, Doug e Jason. Quando nos mudamos, cada um de nós tinha o próprio quarto.

Lauren disse à minha mãe e a mim:

— Você pode decorar o seu quarto da maneira que quiser! Compre um tapete novo e uma cama nova, qualquer coisa que ajude vocês a se sentirem em casa!

Optei por deixar os belos pisos de madeira no meu quarto e usei o tapete oriental da minha mãe, juntamente com uma confortável cama de casal que ainda era tão boa quanto uma nova. Fui recebida pelo meu padrasto de uma forma calorosa, o que me impactou pelo resto da minha vida. Quando tinha 16 anos, fiquei triste por deixar a nossa casa na Bonnie Lou Drive, mas, depois de me mudar para a casa de tijolos de Lauren na Lieb Drive, me senti em paz em um lugar totalmente novo.

Mesmo meu gato Catfish foi autorizado a ficar, embora ele e Lauren tivessem uma relação tensa que começou quando Lauren concordou em cuidar dele enquanto estávamos fora de férias. Lauren e o gato laranja nunca estavam juntos na mesma sala; e, quando Lauren passava o fim de semana reclinado em sua poltrona, Catfish desaparecia. Talvez ele estivesse no jardim do vizinho, ou talvez ficasse escondido no celeiro; mas ele não saía até segunda-feira de manhã, quando o caminhão de Lauren pegava a estrada para o trabalho.

Lauren sempre dizia:

— O Catfish pode ficar, mas só porque é o gato da Jill. Se não fosse por isso, ele teria que pegar a estrada! Sua gargalhada contagiosa, que vinha da barriga redonda, fazia com que todos rissem com ele.

A casa dos meus pais se tornaria a base para os filhos adultos visitarem, ficarem para uma refeição e conversarem um pouco; por isso, naturalmente, precisávamos de mais espaço para entreter a nossa grande família. A sala com a lareira de cimento e uma janela grande era pequena demais para acomodar todos os visitantes, então Lauren e minha mãe decidiram adicionar uma sala de família. Estendia-se da cozinha, paralelamente à varanda telada, que levava ao generoso jardim que a minha mãe havia plantado. Era uma sala acolhedora onde Lauren passava a maior parte do tempo livre, e nós apreciávamos jogos de futebol americano e filmes antigos na TV de tela grande. Aqueles foram dias felizes para a nossa família mista.

Os nossos parentes — os Popas, os Baughmans e os Perrys — desfrutaram de muitas reuniões ao longo dos anos, como as festas de 4 de julho, hambúrgueres na grelha, Natal e trocas de presentes. Todos eram bem-vindos na casa de Lauren.

Todas as vésperas do Dia de Ação de Graças, Lauren ficava no porão trabalhando em algo na grande mesa de sinuca. Ele cuidadosamente arranjava algumas toalhas de cozinha e mergulhava os braços até o cotovelo em uma tigela de farinha. Trabalhava silenciosamente, modelando a massa em uma grande bola que colocava sobre o papel-manteiga polvilhado com farinha. Usava o rolo de macarrão e achatava a massa em uma forma grande e retangular. Depois, pegava a menor faca de açougueiro e cortava a massa em fios de macarrão para cozinhar no molho de carne no dia seguinte. Ele sempre ajudava a minha mãe fazendo macarrão caseiro, mas depois ficava fora da cozinha o resto do dia, parado na frente dos jogos de futebol americano. Mesas de cartas longas eram arrumadas em fila para acomodar toda a família no jantar. Uma toalha branca foi colocada para parecer uma grande mesa, onde todos nos sentávamos juntos. Pães caseiros, ensopado de milho, peru recheado e um prato de picles e queijos preenchiam o cardápio, formando um banquete enorme que era mais do que suficiente para a grande prole de irmãos e irmãs que em breve chegariam e se amontoariam. Com sapatos empilhados à porta, eles ficavam o dia todo, assistindo futebol americano ou jogando dominó ou jogos de cartas até tarde da noite. Pete, o mais velho, era o último a ir para casa — mas não antes de comer um segundo prato de torta, peru e recheio. Ele foi sempre magro, e eu me perguntava para onde exatamente ia toda aquela comida!

Lauren tinha duas regras para a casa: todos deviam arrumar a cama todas as manhãs, e todos deviam ir à igreja todos os domingos. Naquela época, eu não tinha muita certeza sobre essas regras, embora fossem poucas. Aos dezesseis anos, eu estava em um ponto da vida em que me rebelei silenciosamente — não desafiando abertamente os meus pais, mas não seguindo completamente suas regras quando não estavam por perto. Os fins de semana eram para sair com amigos que não eram a melhor influência. Depois de frequentar a igreja de Lauren por algum tempo, entreguei completamente o meu coração a Jesus. O velho em mim tornou-se novo, e eu pude deixar para trás os meus caminhos rebeldes e viver uma nova vida pelo poder do Espírito Santo e da graça de Deus, graças ao sacrifício completo na cruz feito pelo meu amoroso Salvador.

Depois de terminar o ensino médio, fui para a Universidade de Akron por um ano para estudar enfermagem, mas decidi me mudar para a Geórgia e estudar missões mundiais na *Bible college* (Faculdade Bíblica). Essa decisão significava que eu teria que deixar a minha amada família para trás. Engolindo o meu medo profundamente, empacotei algumas coisas e fiz a longa jornada até o sul profundo com os meus pais. A cada quilômetro, a distância parecia insuportável. E, quando finalmente chegamos ao destino, nós três formamos um círculo; e senti minha mãe tremer enquanto chorava. Naquele momento, percebi o quanto era amada pela minha mãe e pelo meu pai, e também comecei a chorar lágrimas mistas de alegria e tristeza. Sempre pensei que ninguém tomaria o lugar de Pete, meu pai biológico, mas Lauren fez isso. Ele era um padrasto que se tornou um pai para mim.

Em toda a emoção da nova mudança para a faculdade, eu não havia pensado muito na distância da minha família. Eu só esperava me encaixar com os meus novos colegas e com a vida no campus. Nessa pequena faculdade bíblica na Geórgia, pude fazer amigos que seriam verdadeiros por toda a vida; e conheci o meu Senhor Jesus de uma forma mais íntima enquanto estudava a Sua Palavra. Estava tão ocupada que não tinha tempo para ficar com saudades de casa, e não percebi, até anos depois, que deixei um buraco estranho para trás na mesa da minha família em Ohio. Muitas vezes escrevi cartas à minha mãe e ao meu pai para manter contato. Mesmo morando a uma distância de doze horas, todos nós permanecemos próximos por meio da escrita de cartas.

As pessoas sempre dizem que nunca se pode voltar para casa, porque tudo muda e nada permanece igual. As coisas nunca seriam as mesmas, porque eu havia mudado. Ainda assim, a minha mãe mantinha o meu quarto perfeito, com uma colcha ou um cobertor familiar; e não levava muito tempo para eu poder descansar e gostar de estar em casa, mesmo que fosse apenas uma visita temporária. Mesmo com as muitas diferenças dos novos lugares em que vivi, eu sempre parecia encontrar o meu caminho de volta para Ohio, lembrando aqueles lugares favoritos, as comidas, o ar fresco do campo e os pássaros cantando baixinho pela manhã.

Sempre que eu estava em casa, a família se reunia novamente para comer comidas deliciosas, como presunto cozido no forno com pães amanteigados frescos, feijão assado e creme de batata. Podemos aprender muito sobre uma família olhando as suas receitas, e a nossa família sabia a arte de planejar, cozinhar e comer juntos. Os feriados eram prioridade, e, quando uma data estava marcada para nos reunirmos, todos vinham, a menos que estivessem muito doentes. Havia alguns cartões de índice, amarelados com tempo e marcas, geralmente no balcão perto do fogão, com caligrafia cuidadosamente escrita. Receitas experimentadas e aprovadas eram cuidadosamente guardadas para estas ocasiões especiais. Uma delas era o pudim de pão de abacaxi da minha irmã Debbie. Era uma receita simples, dizia ela, usava apenas abacaxi, um ovo batido, leite doce, torradas integrais amanteigadas, canela e açúcar mascavo. O cheiro preenchia a cozinha.

— Para onde quer que eu seja convidada, sempre me pedem para trazê-lo — disse Debbie, fazendo um gesto com os ombros.

Além disso, saía do forno o delicioso feijão assado da minha mãe, com bacon crepitante por cima. Quando me sentava com um prato cheio, provava os sabores de lar e amor.

A receita secreta da minha avó

Creme de batata batido

Mary Baughman

1. Ferva quatro batatas médias com a casca.
2. Deixe esfriar, descasque e rale as batatas.
3. Coloque as batatas em uma assadeira com sal, pimenta e manteiga.
4. Despeje 200 ml de creme de leite sobre as batatas e leve ao forno por quarenta e cinco minutos a 180 graus.

CAPÍTULO 3
Viajando

"O que importa permanece."

—Nico Boesten

Como uma família holandesa-americana, estávamos acostumados a viajar. Nossos filhos estavam habituados a visitar Ohio, nos EUA, durante meses a cada vez. Eles cresceram ouvindo duas línguas diferentes e aprendendo sobre duas culturas diferentes. Quando ainda eram jovens, mudamos para o Brasil, onde aprenderam português, sua terceira língua, e uma cultura nova e única. Eles continuaram crescendo como crianças comuns, mas com uma diferença. O mundo, para eles, era mais do que um simples lugar. O mundo era pequeno o suficiente para descobrir novos lugares e conhecer pessoas novas que se tornariam amigos. Celebrávamos todos os feriados holandeses e americanos, e também festejávamos todos os feriados brasileiros. Eram muitos feriados! Eles continuaram crescendo, aprendendo e seguindo Paul e a mim na nossa jornada.

As licenças trabalhistas nos Estados Unidos eram sempre agridoces e, por vezes, desafiantes. Em uma delas, enquanto voltávamos para casa de uma viagem à Pensilvânia, lembro-me de ficar tão impressionada com a beleza de Deus enquanto dirigíamos pelas montanhas, com o sol brilhante e a cor das folhas. Houve momentos em que eu estava tão cansada de viajar, de ficar na casa de outras pessoas. Eu só queria uma casa para mim.

Éramos felizes na Holanda, mas, em breve, começaríamos um modo de vida totalmente diferente que me faria sentir nostalgia, por vezes, dos confortos de Amsterdã.

Amsterdã, 18 de junho de 1997

Céus ensolarados, brisa fresca,
Pés descalços caminhando silenciosamente
por pisos de madeira de lei.
Vasos cheios de violetas perfumadas, uma boa xícara de café.
Notícias holandesas,
Um edredom generoso e confortável.
Receber amigos. Sorrisos, palavras encorajadoras. Um chuveiro como chuva de
primavera;
Exercícios e caminhar de um lugar para o outro.
Diferentes tipos de pessoas, usando diferentes tipos de roupas.
Agitação, impaciência, buzinas tocando, sinos de bicicleta,
Horas longas de luz solar, mercado,
É bom estar em casa!

Em Amsterdã, tínhamos um grande apartamento com janelas com vista para o mar. Morávamos no centro, onde era frequentemente barulhento à noite. Surpreendentemente, o ruído de fundo embalava o nosso sono. As ruas da cidade eram cheias de pessoas, bicicletas, ônibus e carros. Tudo o que precisávamos ficava próximo, então normalmente caminhávamos para onde quiséssemos ir. No exterior, na varanda, estavam os nossos jardins e uma caixa de areia.

Como qualquer mãe comum, eu tendia a me preocupar muito com os meus filhos, Isa e Jeremy. Como sempre, Paul era mais seguro, nunca temendo o que poderia acontecer ou mesmo o que já tinha acontecido. Eu banhava os nossos filhos em orações e canções. Brincávamos de jogos todos os dias e, muitas vezes, íamos ao zoológico porque adorávamos ver os animais. Isa gostava principalmente de macacos e ursos. Ela também gostava de brincar do lado de fora, por isso em muitos dias íamos ao parque.

Antes de nos mudarmos para o Brasil, nossa família de quatro pessoas viajou com uma equipe de vinte adultos em idade universitária para "analisar o terreno". A primeira vez que olhei para o rosto de uma menina pequena que morava na favela, eu me apaixonei pelo Brasil. As sementes do meu propósito foram plantadas no fundo do meu coração e continuariam a germinar, deixando-me descontente até o dia em que eu voltaria para realizar o plano de Deus. A transição nunca é fácil, e demorou bastante tempo. Chacoalhando as nossas inseguranças, começamos a desarmar a barraca da vida em Amsterdã, que foi o nosso lar por nove anos. Um novo mundo se abriria em breve, veríamos e experimentaríamos o Brasil e viveríamos lá pela primeira vez.

Dizer adeus,
Sem saber como serão as coisas quando eu não estiver lá.
Dizer adeus,
Confiando vocês nas mãos do Pai.
Dizer adeus,
Será que algum dia verei o seu rosto novamente?
Dizer adeus,
Seguindo em frente como um bom soldado na minha jornada.
Dizer adeus,
Será que voltarei algum dia?
Dizer adeus
A este lugar e pessoas encantadoras.
Espero que possamos nos encontrar de novo,
Talvez um dia no céu.

A vida era uma série de ois e tchaus. Minha tia Jerrie me ensinou a costurar, então usei essa habilidade como um escape para lidar com as transições difíceis. Peguei alguns pedaços de tecido e comecei a costurar nove remendos multicoloridos, que juntei com um tecido xadrez cinza. Os quadrados brilhantes no centro me lembravam das belas cores do Brasil, e o cinza me lembrava o céu durante os invernos na Holanda. Chamei a colcha de "Glória", como uma lembrança de como Deus uniu diferentes tipos de pessoas para os propósitos únicos d'Ele.

Meu coração começou a bater mais forte pelo Brasil. Nossa pequena família iniciaria o processo de fazer as malas para a longa mudança rumo a uma nova terra. Tivemos que reduzir todos os nossos pertences a apenas oito malas pequenas. Vendemos o restante das nossas coisas para ter dinheiro extra. O que não pudemos vender, nós doamos. Na época, eu não me considerava materialista, mas logo percebi, no meu coração, que estimava muitas das coisas do nosso apartamento holandês, no centro de Amsterdã. Muitos itens, que eram grandes demais para levar, guardavam memórias preciosas.

Para Jeremy

Hoje empacotei suas botas vermelhas,
E a tristeza adentrou meu coração.
Crescendo tão depressa,
Nossos momentos juntos
Voaram rapidamente
Desde o início.

Não há como negar: Você é um menino lindo,
E fica mais bonito a cada dia.
Vou sempre valorizar
O toque das suas mãozinhas
E o teu choro para me chamar até você.

Você é um menino ocupado, realizando todo o tipo de coisas,
Fazendo-me sempre correr para evitar a Catástrofe.

As botinhas vermelhas que eram as tuas preferidas
Estavam vazias hoje.
Mas ainda consigo ver você com elas
Correndo pelas poças para brincar.

Tenho tanto orgulho de você ser o meu pequenino.
Sou tão feliz com você;
Apreciarei esses momentos.

Filipenses 2:3 fala sobre preferir os outros acima de nós mesmos. Aplicar isso às missões significa respeitar as culturas uns dos outros. Ao nos mudarmos para um novo país, aprendemos que não existe apenas um jeito certo. Na maioria das vezes, há duas ou três maneiras diferentes de fazer algo certo. Como uma família culturalmente mista, agora se adaptando à nova cultura do Brasil, nossos costumes familiares eram geralmente uma mistura dos três: holandês, americano e brasileiro. Sou grata por todas as nossas viagens, porque Isa e Jeremy ganharam mais feriados e tradições e, como resultado, enriqueceram suas heranças culturais. Eles cresceram amando pessoas de todas as nações.

CAPÍTULO 4
Despedida

"Sim, ainda que eu ande pelo vale da sombra da morte, Não temerei mal algum; porque Tu estás comigo; a Tua vara e o Teu cajado me consolam."

Salmo 23:4

Clinton, Ohio
1997

Lauren, meu pai, estava sempre esticado na poltrona marrom para cochilar enquanto assistia ao torneio de golfe Colgate na televisão. Ele aprendeu a jogar golfe quando nós, quando crianças, lhe presenteamos com aulas para homenagear sua aposentadoria. Foi um ótimo presente. Foi a ideia da minha mãe, e a melhor. Isso lhe deu algo pelo que esperar ansiosamente e o manteve fora de casa. Nos últimos meses, no entanto, ele nos disse que não tinha vontade de ir porque não se sentia ele mesmo, e a dor fraca do lado estava começando a piorar.

Lauren nasceu em 1934 em uma pequena cidade chamada Manchester, onde cresceu, viveu e eventualmente morreria. Foi o seu lar por todos os seus dias. Ele foi doente durante a infância, mas a penicilina salvou a sua vida quando contraiu uma doença óssea. O médico disse à sua mãe, Mary, que Lauren teria que perder a perna, mas, bem a tempo, a penicilina ficou disponível.

Minha tia Barb me contou que foram dias sombrios para Mary quando o marido, Franklin, estava na guerra e ela foi deixada para trás cuidando dos seus quatro filhos na sua casinha branca no centro da cidade. "Laurney", como as suas irmãs o chamavam, ficou doente por muito tempo. Ele finalmente ficou bem novamente; logo depois, chegaram as notícias de que a guerra havia acabado. Embora tipicamente uma família tranquila, eles celebraram a notícia tocando buzinas e batendo em pratos e tambores. O pai deles voltaria para casa!

Lauren conseguia andar, mas nunca se envolveu em esportes. Ele não foi autorizado a entrar nas Forças Armadas, embora tenha tentado logo que terminou o ensino médio. Em vez disso, serviu seu país como bombeiro voluntário durante vinte e sete anos. Ao terminar o ensino médio, trabalhou conduzindo uma retroescavadeira para uma empresa de construção chamada W. G. Lockhart, uma empresa familiar. Ele era bom no que fazia e foi apelidado de "Capitão Triturador". A empresa inicialmente começou pequena, mas tornou-se sindicalizada, dando aos operários um bom salário e boas condições de trabalho. Lauren acreditava nos sindicatos porque viu em primeira mão como eles ajudaram um homem comum a ter uma vida melhor do que no passado. Ele era membro do Ohio Operating Engineers Local 18 desde o dia em que foi fundado, em 1956.

Quando ele era mais velho e trabalhava na construção, sua perna foi esmagada por uma máquina, mas ele foi curado pela medicina moderna. Mais tarde, ele se envolveu em um acidente de carro no qual quebrou as duas pernas. Passou meses afastado do trabalho, recuperando-se na poltrona e assistindo esportes na tela grande. Ele finalmente se recuperou, mas não pôde voltar ao trabalho, por isso se aposentou em 1995.

Lauren não era um homem materialista, mas havia algumas coisas na vida que ele amava: sua picape Ford, a esposa e a família, sua moto e seus tacos de golfe. Sendo um frequentador fiel da igreja, sentava-se em um banco familiar todas as semanas com uma Bíblia azul de capa de couro, com o seu nome gravado na frente, em seu colo. Ele ria muito de uma boa piada, seus olhos azuis cintilavam. A sua refeição favorita, que era o seu prato de assinatura, era macarrão e tomates cozidos, aos quais ele sempre adicionava uma colher cheia de açúcar. A doçura equilibrava a acidez dos tomates. Era uma pena que o resto da família não fosse fã da mistura pegajosa de tomate e macarrão. Eu me forçava a comer com um sorriso, adicionando ketchup. Doug gostava, embora ele sempre parecesse fazer planos para sair; e Jason enchia-se de pão e manteiga de antemão. Era uma refeição barata no meio da semana para todos.

Meu pai suspeitava, embora não soubesse ao certo, que estava prestes a enfrentar uma tempestade, e seu nome era câncer. Ele era normalmente quieto e guardava seus sentimentos para si, mas, neste dia em particular, ele me ligou... e nós dois choramos. Minha mãe estava em uma viagem de missão na Costa Rica, e ele teve que lidar com os resultados ruins dos exames sozinho. Seus filhos já eram adultos, vivendo bem longe, do outro lado do oceano, daqui por diante. Meu pai teria que percorrer aquele caminho sozinho. Embora seus entes queridos estivessem próximos, apenas ele e seu Deus fariam essa jornada pela tempestade escura que se avizinhava.

Paul e eu orávamos todos os dias para que o meu pai fosse curado do câncer. Ele sobreviveu à previsão dos médicos, mas o câncer continuou crescendo. À medida que a doença piorava nos meses seguintes, Deus começou a nos desarraigar da Holanda, onde éramos missionários, e a nos plantar no campo missionário do Brasil.

Durante a minha última visita memorável com o meu pai, rimos e conversamos, embora ele ficasse muito calado às vezes. Quando chegou a hora de voltar para a minha família, meus pais me levaram ao aeroporto. Era hora da despedida. Quando olhei para o meu pai, seus olhos azuis estavam tristes e marejados, e suas palavras ficaram engasgadas. Esta era a última vez que nos veríamos neste lado do Paraíso, e eu impedi as palavras de saírem da minha boca. Foi melhor dizer um alegre tchau em português, junto com um abraço apertado e um "Estou orando por você, papai!". Eu quis evitar um adeus emotivo e prolongado em um período tão difícil, cheio de incógnitas. Mais tarde, no avião, chorei até meus olhos secarem, mas não podia suportar que meu pai visse as minhas lágrimas e perdesse toda a esperança na luta contra o câncer.

Paul e eu tínhamos dado ao papai uma pequena moldura azul que ele mantinha perto de sua poltrona reclinável. Nela havia uma pintura de uma bela árvore com folhas cor de laranja e as palavras: "Não consigo ver o vento, mas sinto a sua força. Não consigo ver o meu Deus, mas sinto o Seu amor." "Ora, a fé é a substância das coisas pelas quais esperamos, a evidência das coisas não vistas." Hebreus 11:1.

Eu sabia que o papai tinha fé em Jesus Cristo, que só Ele o carregaria durante esse tempo sombrio. Os meses seguintes seriam coloridos de dor e sofrimento; mas, finalmente, uma liberdade gloriosa chegaria quando o papai deixasse este mundo para trás.

Para Lauren E. Baughman:

Você chegou até nós como um ursinho de pelúcia,
Gentilmente entrando em nossas vidas.
Estávamos solitários e sem pai,
Como um peixe atirado na maré.

Tornamo-nos uma família, meios, metades e inteiros,
Reunidos
Em nossos muitos papéis diferentes.

Você nos trouxe à igreja
E, por fim, a Deus.

Foi lá que conhecemos
Nosso Salvador amoroso
E o cuidado de Seu cajado e vara.

Quando adultos, você nos deixou ir, um por um,
Para encontrar nossos caminhos de vida,
Sempre por perto
Quando precisávamos de você
E pronto para nos receber de volta.

De alguma forma, você sabia quando ficar quieto,
Apesar de termos feito coisas erradas.
Permitiu-nos fazer as nossas próprias escolhas.
E escrever as nossas próprias canções.
Os nossos filhos, embora muitos, sempre encontraram um lugar no seu colo.
Foram recebidos e amados Com um sorriso e uma gargalhada.
Seu grande coração não só Tinha espaço para mim e para os meus,
Mas para amigos, vizinhos, Colegas de trabalho,
irmãs, tias,
E várias outras pessoas, Que receberam o seu cuidado leal
Como um lindo relógio que
marca as horas perfeitamente.
Obrigada, papai,
Por tudo o que você significa para mim e muito mais.
Rimos e choramos juntos.
Sou muito grata a você
Suas gentilezas são inúmeras para serem ignoradas.

CAPÍTULO 5

Botando água no feijão

"Mas até os cabelos da vossa cabeça estão todos contados. Não temais, porque valeis mais do que muitos pardais."

Lucas 12:7

No primeiro ano no Brasil, moramos temporariamente em uma casa de veraneio em uma cidade pequena chamada Santo Antônio de Posse. Foi um verão muito quente naquele ano, e todos nós decidimos ir a uma barbearia para cortar o cabelo. Geralmente, gostávamos de nos virar sozinhos, tropeçando com nosso português limitado; e, neste caso particular, encontramos um lugar pequeno, um pouco afastado da avenida principal.

Uma cabeleireira estava lá. Ela tinha um corte de cabelo curto acima das orelhas, com mechas loiras, o que fazia com que seus óculos grandes parecessem ainda maiores. Paul corajosamente foi primeiro, e depois foi o Jeremy. Como estava muito calor, foi uma delícia sentir a água fria da torneira em nossas cabeças. Então, foi a vez de Isa tirar as pontas do seu longo cabelo loiro-escuro. Eu fui por último. Enquanto pensava no tipo de corte de cabelo que queria, levei uns longos minutos e tentei transmitir à cabeleireira, com meu português capenga. Eu queria que cortasse um pouco, mas não muito. Pensei que tinha expressado com sucesso o corte que queria à cabeleireira, quando ela deu um grande sorriso, levantou o dedo indicador e acenou com a cabeça, dizendo: "Princesa Diana!"Não sabia ao certo o que a mulher quis dizer com isso, mas, em breve, iria descobrir! A cabeleireira continuou cortando mais e mais, e eu podia sentir a maior parte do meu cabelo comprido caindo suavemente no chão, como penas. Finalmente, ela terminou e, com um sorriso confiante, levantou um espelho atrás de mim. Ao olhar o espelho, vi que o meu pescoço estava exposto e que o meu cabelo havia sido cortado curto, com um estilo muito parecido com o da cabeleireira!

Era bem diferente do que eu tinha planejado. Presa na cadeira com a cabeleireira e a sua tesoura feliz, não havia como pará-la. No fim, o corte de cabelo ficou parecido com o da Diana, a princesa de Gales. Eu teria que me acostumar com ele. Com o clima quente brasileiro, seria mais fresco e muito mais fácil. Afinal, eu podia passar um pente pequeno nele em seis segundos!

—Você vai se acostumar com ele! — disse Paul. — Faz você parecer mais magra!

Fazer parecer mais magra era algo importante para mim, tendo sido criada nos anos 70 e 80, e aceitei como um grande elogio. Apesar de nunca termos voltado ao salão, fiquei satisfeita com o corte de cabelo. Demos uma gorjeta para ela e fomos comprar gelato na esquina.

Em um belo dia de maio, logo após a ida à barbearia, fomos convidados para um churrasco brasileiro por uma família de classe alta e calorosa que morava perto.

Eles falavam inglês bem, devido aos estudos universitários, então pudemos nos comunicar facilmente com eles. Eles também tinham dois filhos pequenos, que eram divertidos e muito carinhosos.

Fomos convidados para o Dia das Mães para apreciar, pela primeira vez, o prato nacional brasileiro chamado feijoada. Era um ensopado de feijão preto com carne de porco e arroz. O feijão preto era geralmente a estrela principal das refeições, com todos os outros ingredientes adicionados como condimento. Quando chegamos à varanda da grande vila brasileira, a avó mexia uma grande panela de ferro no fogo do lado de fora, e havia uma fumaça cheirosa que permeava o ar ao redor da mesa.

O som da música sertaneja brasileira tocava, com sílabas vocais desenhadas e acordes de guitarra perfeitos.

Sentamo-nos à grande mesa de madeira de piquenique com o resto da família, preparando-se para comer. Uma auxiliar doméstica aproximou-se e, com uma grande colher de pau, colocou um delicioso arroz branco nos pratos marrons à nossa frente. No meio da mesa, havia várias tigelas com uma combinação incomum de ingredientes. Havia fatias de laranja, couve cozida e amanteigada, grandes tigelas de feijão preto com cor de lama e farofa brasileira, que são migalhas finas.

Um dos filhos colocou uma concha da feijoada no prato de Paul, dizendo:

— Ah ha ha! Vocês sabem que nós, brasileiros, usamos cada parte do porco neste prato!

Paul olhou atentamente para a panela preta.

— Todas as partes? — perguntou ele.

Havia o cheiro de linguiça e ervas com alho frito e cebola.

— Hmm, sim, por favor! — disse eu, provando aquela mistura escura.

Não era tão ruim. Minha mãe sempre me dizia que não havia nada que eu não experimentaria. Jeremy deu uma olhada e comeu somente o seu típico prato de arroz branco, mas adicionei uma fatia de laranja para ajudar a encher o prato. Isa olhou para o meu prato e decidiu experimentar alguns pedacinhos de linguiça e arroz, mas nem um grão sequer de feijão, porque eram pretos demais para ter gosto bom, segundo ela. Quando Paul comeu uma grande garfada da feijoada, sentiu algo escorregadio na língua, que deslizou pela garganta sem ser mastigado.

— É possível que tenha língua nesta sopa? — perguntou Paul.

— Ah, tem sim! — disse o filho, enquanto dava uma cotovelada no outro membro da família sentado perto. Tremendo, ele não conseguia mais segurar o riso.

— Ah! — disse Paul, fazendo uma careta.

Ao olhar para Paul, todos à mesa explodiram de rir. O estômago de Paul começou a revirar e, sentindo-se um pouco enjoado, ele afastou o prato cuidadosamente, tentando não ser notado. Pegou uma bebida gelada do balde cheio de gelo e tentou lavar a sensação desconfortável.

Chegava o fim do dia, e minha nuca começou a coçar com uma sensação de ardor que nunca havia experimentado. Tentei, mas não conseguia parar de coçar, e minhas unhas compridas estavam quase fazendo com que a minha pele sangrasse. O tempo passou, mas a sensação de coceira não passou. Isa olhou e começou a coçar a cabeça também, e a pele atrás das orelhas dela estava ficando cor-de-rosa.

Nossa amiga Tiana reparou e disse:

— Vocês duas devem estar com algum tipo de alergia. A pele de vocês está ficando avermelhada!

Paul olhou para o meu pescoço, depois na direção de Isa, e então para o seu relógio de pulso.

— É hora de ir! — disse ele.

Entramos em nosso carrinho quente, um Fiat vermelho, com o ar-condicionado ligado e circulando, mas continuei a coçar o pescoço e a cabeça toda, embora fosse inútil. A coceira ardente não ia embora. Paul decidiu fazer uma parada no hospital.

Uma jovem enfermeira examinou primeiro o meu couro cabeludo e depois o de Isa, e perguntou:

— Que tipo de xampu vocês estão usando?

Era uma boa pergunta. O corredor de xampu nos mercados do Brasil era cheio e variado, com todo tipo de produtos deliciosos de olhar, que na maioria das vezes era feito a partir de ingredientes naturais. Havia todos os tipos de xampus, incluindo os de abacate, ovo, florais, menta fresca azul e aloe, que era cremoso, verde e prometia um crescimento mais rápido do cabelo. Eu podia passar uma hora, pelo menos, olhando todos os tipos diferentes. Os cheiros doces dos xampus eram inebriantes. Com apenas uma olhada para a maioria das mulheres brasileiras, era possível identificar sua característica mais bonita: o cabelo longo e saudável. A publicidade nos frascos, com fotos de mulheres com cabelos bonitos, me levou a experimentar o xampu brasileiro, em vez da marca americana a que eu estava habituada.

Com o rosto corado, respondi à enfermeira:

— Estamos usando um xampu de ovo — e dei o nome a ela.

— É amarelo? — perguntou a enfermeira.

Sim, na verdade era amarelo brilhante.

— Mude o xampu, e isso deve resolver o problema.

Fomos ao supermercado e compramos Head & Shoulders. Ainda assim, a coceira continuou.

No dia seguinte, por volta das dez da manhã, a escola mandou Isa para casa com um bilhete, dizendo que ela estava com piolhos.

Piolhos! Meu mundo saiu da órbita. Eu nunca havia tido piolhos. Aliás, eu nem sabia o que era, como tirar ou de onde vinham. Sempre pensei que fosse um sinal de má higiene, que só pessoas sujas pegavam. Mas eu estava errada. Foi a primeira vez que meu couro cabeludo teve piolhos — mas não seria a última. Meu trabalho com crianças pequenas, que vinham de casas diferentes, me daria piolhos mais vezes do que eu poderia contar. Era inevitável. A cada criança nova, vinha um novo caso de piolhos.

— Pegue cada mecha de cabelo e penteie com muito cuidado usando um pente fino de ferro — disse uma mulher brasileira que vivia nas proximidades. — Deixe o medicamento agir no cabelo durante trinta minutos para remover os ovos. Isso deve resolver! — completou ela.

— Isso não significa que você não seja higiênica. Os piolhos adoram encontrar um couro cabeludo limpo para morar. Não se preocupe — ela nos tranquilizou.

Em poucos dias, passei de "princesa Diana" para o que pensava ser um mendigo. A vida não seria só requinte ou aventura no Brasil. Haveria dias difíceis e trabalho árduo pela frente. Mas, em meio a tudo isso, eu cresci e aprendi, mais profundamente, sobre o amor eterno do Pai Celestial.

CAPÍTULO 6
Enfim em casa

"Preciosa à vista do Senhor é a morte dos seus santos."

Salmos 116:15

Na cama de hospital, a respiração de Lauren tornava-se cada vez mais áspera e trabalhosa, enquanto ouvia sua irmã, Barb, compartilhar todas as notícias leves da família. Eles tinham um vínculo especial de irmãos e, ao longo dos anos, permaneceram próximos — embora nunca tivessem permanecido na mesma cidadezinha. Foi ela quem estava ao lado dele quando faleceu. Fiquei com o coração partido por não poder estar com ele nos seus últimos momentos, mas foi um conforto saber de todos esses detalhes através da minha tia. Minha mãe, sua devotada esposa por dezenove anos, segurava sua mão enrugada e bronzeada, enquanto continuava a orar suavemente. Lauren estava tomando medicação forte para a dor, e sua consciência ia e voltava. Não havia uma palavra que pudesse fazer a dor dele desaparecer, apenas a presença dela estava disponível para ajudar, bem como algumas orações. A enfermeira da clínica de cuidados paliativos vinha regularmente com passos silenciosos, verificando se estava tudo bem.

Antes de minha mãe conhecer Lauren, ela não tinha viajado para muitos lugares novos. Ela nunca sequer tinha ido à cidade Amish nas proximidades, com colinas onduladas e ar puro. Eles costumavam passear de motocicleta por um dia inteiro, vendo a bela terra de Ohio. Além do próprio estado, eles viajaram para o Havaí, onde disseram que toda a comida e bebida era servida com uma fatia de abacaxi. Eles fizeram uma viagem ao Grand Canyon, na qual minha mãe, apesar de seu terrível medo de altura, conseguiu apreciar as belas paisagens com um sorriso sereno. Lauren ensinou a Judy a alegria da viagem, e agora ele embarcava em uma nova jornada sozinho. Ele deixaria muitos entes queridos para trás.

Quando o fim se aproximava, meu pai ficou muito sonolento e cansado, as pálpebras dele começaram a se fechar pesadamente, bloqueando a visão da minha tia diante dele. Imagino que ele pensou que iria apenas descansar os olhos por um momento. Era apenas por um momento, fechando e descansando, e, da próxima vez que os abrisse, ele veria o Céu. Sua dor desapareceu completamente.

Ele provavelmente se levantou e começou a correr com alegria, algo que não conseguia fazer havia muito tempo. No Céu, ele podia pular feito criança por aí e podia ouvir, de forma cristalina, o canto de vozes angelicais. As pernas tortas estavam retas e fortes novamente, e, sem o auxílio do marca-passo, seu coração não pularia nenhuma batida. Ele podia percorrer o caminho do Paraíso de tirar o fôlego, vendo alguns rostos familiares de aparência jovem e vivaz. Mary, a mãe dele, provavelmente o recebeu com seu sorriso cintilante.

Ele encontrou Jesus, cujos braços e mãos com cicatrizes estavam abertos, dizendo: "Bem-vindo de volta ao lar, Meu filho!"

> *Manchester - Lauren E. Baughman, de 66 anos, viu as portas do Céu abertas em 29 de julho de 2000. Residente vitalício da área de Manchester, aposentou-se em janeiro de 1994, após trinta e oito anos de serviço na W. G. Lockhart. Com muitos anos de experiência em equipamentos pesados, Lauren doou muitas horas à comunidade de Manchester construindo campos esportivos e igrejas. Foi membro da igreja Manchester Trinity Chapel, e bombeiro voluntário durante vinte e sete anos no Franklin Township Fire Department, e membro do sindicato Ohio Operating Engineers Local 18 desde 1956.*[3]

---

3 "Obituários," *Akron Beacon Journal*, 30 de julho de 2000.

CAPÍTULO 7

Perdida na escuridão

"E a luz brilha nas trevas, e as trevas não a compreenderam."

João 1:5

Jaguariúna, Brasil
2000

O tempo passou muito rápido no Brasil. Coisas antigas estavam passando e coisas novas estavam começando. Novas revelações se abriram aos olhos do meu coração sobre o mundo à minha volta, bem como sobre a pessoa que eu era na época. Percebi que tinha uma grande paixão interior em ajudar os pobres e que, nos meus anos de tristeza, Deus estava sempre lá. Comecei a amar o Brasil e continuei a me sentir em casa nesta terra bela e misteriosa. Adorava as pessoas de várias cores e a cultura diversa.

O Brasil é uma terra de muitas influências: europeias, africanas e inclusive indígenas. Fui atraída pela natureza espetacular à minha volta, como o café que crescia nas árvores da fazenda próxima ou a ave-do-paraíso, uma planta florida que parecia bonita demais para ser real e quase parecia plástico em sua criação. Nunca me cansava das árvores-guarda-chuva com as suas flores brilhantes, de cor laranja e vermelha. Havia sempre algo florescendo, e era sempre verde, independentemente da estação do ano. Deus era sempre fiel.

Nós viemos pela fé, à procura de um novo lugar para viver, e Deus estava nos ajudando a encontrar o nosso caminho, lentamente.

Às vezes, a solidão parecia me engolir. Não conseguia falar o português brasileiro, embora eu tentasse repetidas vezes. Eu não tinha ninguém com quem falar, apenas com Jesus. Passava os meus dias ouvindo atentamente uma palavra em português para poder entrar no fluxo rápido e constante da conversa com os brasileiros à minha volta, mas, na maioria das vezes, ficava completamente perdida. A nossa pequena família de quatro pessoas era, muitas vezes, uma pequena bolha de língua inglesa no vasto terreno do português. Era muito solitário para mim. Às vezes, duvidava de mim mesma, pensando que não tinha o que era preciso para ser missionária.

Pedi muitas vezes ao Senhor que me ajudasse com o idioma. Às vezes, o amigo da cidade que aprendeu inglês vinha visitar. Esperava por esses encontros e absorvia o companheirismo como uma esponja. Era difícil confiar em Deus pela graça de cada novo dia. Sentia-me completamente isolada e fora de lugar onde morávamos, em um pequeno barraco em uma fazenda na zona rural do Brasil.

Quando entramos pela primeira vez no barraco primitivo onde moraríamos, a primeira coisa que notei foi o cheiro terrível, como o cheiro de mofo de uma velha cômoda. Independentemente do que eu fizesse, não conseguia me livrar do cheiro daquela casinha. Os pisos frios de cimento eram pintados de amarelo brilhante, e, sempre que eu ou as crianças andávamos descalços neles, as solas dos nossos pés ficavam manchadas com a cor. A cozinha era pequena, o banheiro quase inutilizável, e as janelas não tinham vidro. Descobrimos que uma casa sem vidro facilitava a entrada de todos os tipos de bichos. Numa noite fria e chuvosa, Jeremy encontrou uma cobra-coral vermelha — a cobra mais venenosa da nossa região no Brasil. Ele não a tocou, apenas gritou: "Cobra! Cobra!" Paul rapidamente correu com uma vassoura para exterminá-la. Em seguida, encontramos um escorpião escondido numa caneca de café, e aranhas venenosas ficavam no alto das vigas, fazendo muitas teias.

Uma geladeira usada, que parecia ter sido fabricada nos anos 50, nos foi dada. Era bonita, até que, numa noite, Paul recebeu um forte choque quando segurou o puxador no escuro para pegar algo para beber. Rapidamente, a trocamos por uma nova.

Deram-nos um gato siamês, que desapareceu no mato. Procuramos, mas não conseguimos encontrá-lo; mais tarde, outros dois gatos nossos também desapareceram.

Apesar de tudo, Paul prosperou com o idioma. Aprendeu português com as crianças com quem trabalhava, sem nunca ter aberto um livro didático. Eu tentei estudar, mas parecia estar sempre atrasada na aprendizagem — até que alguém me disse que, no Brasil, há muitos tipos de português e muitas maneiras de dizer uma frase. Enquanto estudava meticulosamente, estava aprendendo um modo muito formal de falar português, que nunca ouvimos no trabalho ou durante o nosso dia a dia. Ao estudar e trabalhar tão arduamente no meu português, acabei ficando para trás.

O silêncio ensurdecedor à minha volta, bem como o volume alto de uma língua que eu não conseguia entender, levaram-me ao meu diário, e eu preenchia uma página todos os dias. A única pessoa com quem podia falar, além da minha pequena família, era Jesus. Os dias e meses passaram muito depressa e, por ter que cuidar da nossa família, muitas vezes me esquecia de que dia era. Os meninos que ficaram sob os nossos cuidados na fazenda ganharam o meu coração, o que me manteve firme nas circunstâncias mais difíceis, e pude ver com os meus próprios olhos como Deus estava trabalhando em suas vidas depois de os termos recebido.

Uma vez terminada a estação das chuvas, a Igreja Batista conseguiu concluir a construção de uma nova casa onde iríamos morar. Era uma bela casinha, com janelas e pisos bonitos. Adorei a cozinha que foi construída, e a varanda grande na frente era o lugar perfeito para as crianças brincarem. O melhor de tudo: tinha um bom isolamento, que nos protegia dos bichos.

Lentamente, varri a poeira da varanda e depois reguei o jardim com uma mangueira verde e grossa. Em seguida, coloquei música e comecei a dançar sozinha. Na casinha isolada, não havia ninguém perto que pudesse me ver.

Depois da morte do meu pai, Lauren, tive muitos altos e baixos nas emoções e, em alguns dias, me sentia muito isolada. Coloquei a minha armadura, escondendo o meu coração daqueles ao meu redor. Louvores tinham a chave para a vitória, e, quando eu tinha algum tempo sozinha, eu tocava louvores, muitas vezes em inglês, com as canções que eu tinha aprendido em casa.

Saudade é uma palavra usada no Brasil que descrevia completamente o que eu estava passando. A saudade é definida como um sentimento de anseio, melancolia ou nostalgia.[4] Eu estava de luto pelo meu pai e sentia falta de estar lá com a minha família quando ele faleceu. Também sentia falta da comunidade em Amsterdã, onde tínhamos vivido e feito fortes amizades, como os laços de irmandade que perduram através do tempo. Era como desemaranhar as cordas de muitas emoções; mas, aos poucos, tudo começou a melhorar. Era difícil ver o meu caminho, mas, gradualmente, as coisas começaram a ficar mais claras.

Apesar de ter começado a amar a nova terra do Brasil, ainda não me sentia em casa. Eu estava fazendo uma travessia, como uma estrangeira, uma gringa, e, às vezes, eu era o centro de atenção indesejada e a vítima ingênua de um ladrão astuto. Minha pequena família era frequentemente vigiada e exposta, como se morássemos numa casa de vidro. Precisávamos da nossa privacidade, e precisávamos da paz de estar em casa.

---

4   Oxford English Dictionary, s.v. "saudade (n.)," julho de 2023, https://doi.org/10.1093/OED/7334082726.

O sentimento de não pertencimento me chateava em intervalos regulares. Embora eu fosse uma americana que vivia na Holanda, tinha uma herança europeia: meu pai era romeno, e encontrei segurança e conforto com os meus amigos europeus. No Brasil, sendo missionária, parecia que me colocavam num pedestal que não era do meu agrado, e era algo a que não estava acostumada. Quando ia para a cidade, todos os olhos pareciam estar em mim, quer eu fosse boa ou má, bonita ou feia. Eu estava vulnerável e tinha lutas pessoais que guardava no fundo. Como uma margarida que havia sido quase transplantada para o solo quente e rochoso, apenas para murchar e curvar-se para o chão, eu me sentia para baixo e exausta.

Aprendi, durante esta noite escura da alma, que tinha um inimigo forte, Satanás, que me tentaria de todas as formas possíveis para me levar a desistir e voltar para casa. Ele era escorregadio, desonesto, astuto e cruel. Lá no fundo, eu queria arrumar as malas e voltar para casa em Ohio. Estava pronta para desistir de mim mesma e do nosso chamado. Os anjos no Céu devem ter estremecido um pouco quando viram o quanto cheguei perto de fugir de tudo e de jogar fora, com a minha própria mão, as promessas que Deus havia feito. Quase perdi todas as bênçãos maravilhosas que Ele tinha reservado para Paul, para mim e para os nossos filhos.

"Certamente Ele te livrará do laço do passarinheiro e da peste perniciosa. Ele te cobrirá com as suas penas, e debaixo das Suas asas confiarás; Sua verdade será o teu escudo e broquel.

Salmo 91:3-4

Durante esta noite escura da alma, quando eu não conseguia ver aquele futuro luminoso e brilhante que estava à frente, aprendi a perseverar e a não desistir. E, embora não pudéssemos ver claramente com a nossa visão turvada pelas dificuldades ao redor, Deus estava conosco. Às vezes, quando sentia que não podia dar mais um passo, o Senhor me carregava e me impedia de cair.

"Ora, Àquele que é poderoso para impedir-vos de cair, e para apresentar-vos
sem defeito, diante da presença de Sua glória, com abundante alegria, ao
único Deus sábio, nosso Salvador, seja glória e majestade, domínio e poder,
agora e sempre Amém."

Judas 1:24-25

Foi naquela altura da minha vida que comecei a lutar contra muitas pressões espirituais. Eu tinha muitos medos sobre o futuro. Foi o ano em que tivemos chuva todos os dias, durante muitas semanas. Era uma chuva suave e agradável, mas também fez com que a estrada para Holambra ficasse intransitável. Tivemos que encontrar outra maneira de ir para a cidade, para levar as crianças à escola. A chuva nos deixou isolados, e a monotonia de chover todos os dias criou um peso de tristeza sobre os meus ombros. Eu ansiava ver o sol novamente.

No Brasil, estava aprendendo que nem tudo era como parecia. As pessoas nem sempre eram o que demonstravam ser. Uma parte da cultura era sobre meticulosamente se importar com a aparência exterior, o que distraía alguém de fora, pelo menos no início, do verdadeiro caráter dessa pessoa. Havia predadores ao redor, habilidosos em usar uma máscara bonita. Havia cobras que, na primeira chance, morderiam e encheriam você de veneno; e escorpiões que se fingiam de mortos apenas para te picar quando você estendesse a mão, deixando uma dor duradoura. Precisávamos da sabedoria de Deus para discernir quem era quem.

Paul começou a ficar estressado e não estava sendo ele mesmo. Ele tinha sempre em mente o projeto com os meninos de rua. Trabalhava até anoitecer, e Isa e Jeremy estarem prontos para ir para a cama. Ele atravessava o morro até a nossa casinha, exausto e mal sendo capaz de dar às nossas duas crianças a atenção de que precisavam. Não tínhamos tempo para conversar de fato; em vez disso, apenas discutíamos de um lado para o outro, como um par de galinhas. Estranhamente, havia momentos em que não conseguíamos concordar em nada. O estresse continuou a crescer como um castelo de areia.

Fui à escola buscar o Jeremy, e ele começou a chorar.

— O que foi, filho? — perguntei, envergonhada por ele não querer voltar para casa ainda. Ele continuou a chorar e balançou a cabeça.

Finalmente, com persistência, consegui levá-lo até o carro. *Por que o meu filho não queria voltar para casa?* A frustração devorava meus pensamentos, até que, mais tarde naquele dia, Isa, Jeremy e eu explodimos de raiva — nós três frustrados e chateados por causa de coisas pequenas. Paul era incapaz de se afastar do trabalho com o projeto, e eu não estava me virando muito bem sozinha.

Coloquei louvores para tocar e enchi a piscina deles, para nos ajudar a desfrutar melhor a tarde. Fui ao Senhor e orei, e a paz veio, lavando toda a raiva e a frustração torturante. Quando olhei para as flores, lembrei-me do cuidado de Deus com elas. Eu tinha que confiar n'Ele. Ele não me decepcionaria.

Durante esse tempo em que me senti totalmente perdida, o Senhor começou a me dar uma compreensão maior de como me encaixava no grande plano. Também comecei a ver Paul mais pelos olhos do Senhor e compreendi por que ele fez as coisas que fez. Paul e eu frequentemente víamos as coisas de forma diferente. As nossas personalidades eram opostas de muitas maneiras e, por causa da falta de compreensão um com o outro, o nosso casamento foi tenso durante aquele período.

— Paul, eu quero ir para casa, em Ohio! — ouvi-me dizer depois de mais um dia difícil sozinha. Eu realmente sentia que não podia mais aguentar.

A expressão de desalento de Paul me fez retirar as minhas palavras e esperar um pouco mais de tempo. Tudo o que eu podia fazer era ficar de pé e confiar em Deus por Sua libertação. Esperei por um milagre.

"Portanto, tomai toda a armadura de Deus, para que possais resistir no dia mau e, havendo feito tudo, ficar firmes. Portanto, estai firmes."

Efésios 6:13-14

Algumas semanas depois, em um culto da Igreja Batista com a qual trabalhávamos, Paul pegou um pedacinho de papel quadrado e me escreveu um pedido de desculpas.

— Perdão, Jill! — escreveu ele. Prometo fazer melhor no futuro.

Era tudo o que eu precisava ouvir para continuar a acreditar nele e no seu trabalho com as crianças. Quando um homem holandês faz uma promessa, você sabe que ele está falando sério. Holandeses não falam palavras vazias; são diretos e guiados pela verdade.

Eu passava a melhor parte dos meus dias com os nossos próprios filhos, Isa e Jeremy, falando principalmente inglês. Embora morássemos em um barraco na época, nossos filhos eram bem vestidos, carregavam mochilas novas e tinham um cabelo bem cuidado quando iam para a escola. Usavam uniformes limpos e claros, com tênis brancos. Era uma oportunidade para eles irem para a cidade e saírem da fazenda. Isa e Jeremy fizeram amigos e pareciam aproveitar o dia longe dos terrenos rústicos e lamacentos do lugar isolado e rural onde morávamos. Paul, sendo mais extrovertido e sociável, aprendeu a língua rapidamente; e fomos capazes de nos guiar pela cidade e de nos comunicar com o povo brasileiro.

Crescemos na percepção da importância de não ficarmos isolados das outras famílias e da comunidade. Tornamo-nos amigos de pessoas da comunidade holandesa em Holambra, bem como dos brasileiros, que passamos a amar. Em vez de fugir dos desafios, precisávamos aprender a enfrentá-los, atacando as paredes tijolo a tijolo e removendo pedra sobre pedra. Um dia, chegaríamos à integração cultural. Um dia, estaríamos mais em casa neste novo lugar chamado Brasil.

Durante o nosso tempo no bairro Guedes, nos acostumamos às igrejas do Brasil. Muitas vezes, havia um código de vestimenta que aprendemos a seguir. Meu português não era desenvolvido o suficiente para que eu entendesse qualquer um dos sermões ou para falar com os irmãos e irmãs, mas eu adorava as canções simples que cantavam. Os brasileiros cantavam com paixão, embora desafinados, e lembro-me, em particular, de um hino sobre mergulhar no Espírito Santo e de como era poderoso. O tom melancólico era bonito e tinha um som curativo. Apesar de eu só conseguir falar um cumprimento em português, os irmãos e irmãs brasileiros sempre nos cumprimentavam com abraços calorosos e até beijos. Não conseguia entender as longas orações que faziam por mim, mas sentia o poder delas.

Durante a noite, havia sons estranhos vindos da mata de um vizinho próximo, o que me fez lembrar de uma conversa sobre pessoas que praticavam bruxaria na nossa região rural no Brasil. A pressão espiritual era pesada, e eu comecei a conhecer o terror mais do que antes.

— A macumba existe no Brasil. Há aqueles que fazem bruxaria e lançam feitiços sobre os cristãos que fazem a obra do Senhor — disse-nos o Pastor Roberto. Ele era o pastor líder de uma grande Igreja Batista, que nos havia pedido para vir trabalhar com eles no Brasil.

Macumba é um termo usado para descrever várias religiões da diáspora africana encontradas no Brasil, Argentina, Uruguai e Paraguai. Às vezes, é considerada por não praticantes como uma forma de bruxaria ou magia negativa. Os acontecimentos que ocorreram nos primeiros anos no Brasil causaram uma enorme quantidade de estresse que não consegui processar até muito tempo depois. Alguns dias, parecia que o inferno estava nos empurrando. Tínhamos dias ruins, um após o outro. Não sabia em quem podia confiar. O trauma dessas dificuldades deixou uma cicatriz, uma gagueira e uma insegurança, ou medo, do homem.

Uma dessas dificuldades surgiu quando recebemos um estranho que se apresentou como amigo, mas, na realidade, esse "amigo" era como uma onça, mortal e alerta. Parecia bastante amigável, mas, com o passar do tempo, ficou claro que a bondade estava ligada a outro motivo. Embora a onça tivesse dado a aparência de um líder religioso e de um pilar da comunidade, havia algo que simplesmente não se encaixava, como um sino que tocava ligeiramente fora do tom.

Fui ao Senhor e orei, e havia sinos de alarme tocando alto. Tínhamos um número limitado de pessoas com quem podíamos conversar, o que nos aproximou ainda mais da intimidade com essa onça, cujo único desejo era nos ver falhar, arrumar as malas e voltar para a Holanda. Eu tinha acidentalmente entrado nesse território; e, ao chegar mais perto, senti o medo em meu âmago. Não havia maneira de lutar com ele, e o melhor que eu podia fazer era lentamente sair do seu território e ficar apenas no meu.

A onça não deve ser subestimada, de modo algum, quanto ao enorme caos que pode criar em nossas vidas. A destruição parecia seguir o seu caminho. A onça se esforçava muito em se apresentar como um amigo útil, trocando pequenas informações pessoais para obter conhecimento sobre nós. Nós prontamente dávamos informações como uma criança que entrega seu desenho, sem saber como será recebido pelo resto do mundo. Como uma cobra, a onça era eficiente em deixar um pouco de veneno com a sua mordida, fazendo com que eu duvidasse de Deus, das pessoas e de mim mesma. Eu não tinha provas concretas, apenas sensações, mas estas disparavam um milhão de alarmes e sinais de alerta. Sentia o perigo à minha volta. Só podia ficar quieta e confiar no Senhor. Não havia ninguém que pudesse ajudar.

Depois que tudo terminou e nós e a onça seguimos por caminhos diferentes, tive dificuldades por muito tempo quando falava a língua portuguesa com pessoas que não conhecia. Tinha medo de dizer a coisa errada para a pessoa errada. Tropeçava no medo de como as pessoas me percebiam. Anos depois, quando comecei a estudar a Palavra de Deus sobre a Sua graça e amor, finalmente encontrei a minha voz novamente. Fui curada do meu medo de falar e de tropeçar nas palavras quando tentava me expressar aos outros. Deus me livrou do meu medo do homem. Eu estava finalmente livre.

Até consegui perdoar a onça e compreender melhor o que tinha ocorrido, quando o Senhor curou até as minhas memórias. Até hoje, não sei como sobrevivemos a tudo o que aconteceu na fazenda em Guedes, mas sei que o Senhor nos protegeu.

Morando no Brasil, vi injustiça em todo o país, enquanto muitos reclamavam da corrupção. Aprendi, como os outros cristãos, a não procurar vingança ou justiça sempre que era injustiçada.

— Coloque nas mãos de Deus — diziam.

A justiça pertence ao Senhor. Eu vivia assim, e não busquei vingança pelo que aconteceu. Perdoei e espalhei misericórdia e graça em vez de retribuição. Não busquei justiça, isso era da parte de Deus. Tudo o que aquela onça nos fez voltou batendo à sua porta. Eu podia ir embora em paz, capaz de apreciar todas as bênçãos que o Senhor tinha para mim morando no Brasil.

CAPÍTULO 8
Um novo dia

"Porque eis que passou o inverno; a chuva cessou, e se foi; as flores aparecem na terra, o tempo de cantar dos pássaros chega."

Cantares de Salomão 2:11-12

Quando a noite, para mim, não podia ficar muito mais escura, um novo amanhecer despertou; e, em breve, a escuridão desapareceu. Deus respondeu todas as nossas orações. Ele nos guiou para um caminho novo e maior. Era um novo dia! O ano anterior ficaria apenas como uma memória dolorosa. Aquele julgamento havia acabado. Estávamos prestes a nos mudar para um novo lugar, onde Deus supriria todas as nossas necessidades com abundância.[5] Ele enviaria ajuda, e não ficaríamos sozinhos. Iríamos crescer. Naquele momento, lutava contra medos e ansiava por uma comunidade; mas Deus nos guiou para este novo lugar onde nos colocaria, e Ele nos protegeu e separou as ondas para que pudéssemos caminhar.

Segurei o estojo, que era uma lata retangular azul-celeste, nas minhas mãos. Tinha uma pintura de flores coloridas na frente e parecia antigo. Era uma caixa de lápis que ganhei de presente pelo meu aniversário de 36 anos, do

---

5   Filipenses 4:19

53

Rodrigo, o primeiro garotinho que veio morar no abrigo das crianças durante um período conturbado de sua infância.

— Feliz aniversário! — disse ele, com um sorriso tímido que brilhava em seu rosto bronzeado.

Dei-lhe um abraço e o agradeci pelo presente tão singular. Era algo que, provavelmente, alguém lhe deu e que ele, por sua vez, doou.

Na caixa de lápis de lata, lia-se: *A primavera da vida. Aproveite o tempo o melhor possível!* Era um presente prático que amei, e o levava sempre comigo. Lembrava-me daquele primeiro menino que veio morar em nosso lar para crianças.

No mês seguinte, o Rodrigo reuniu-se alegremente com o pai e cresceu para ser um bom homem, com uma linda esposa. Ele veio visitar o Lar Feliz uma vez, depois de alguns anos, e perguntou a Paul e a mim:

— Vocês se lembram de mim?

— Claro! Lembramos de seu sorriso aberto e da bondade que fluía do seu bom coração. Como poderíamos esquecer o primeiro menino de muitos que viriam ao lar para crianças, que mais tarde seria chamado de Lar Feliz ou, em inglês, *Happy Home*?

O Lar Feliz nasceu nas páginas do meu diário. Ao ler as Escrituras sobre pequenos começos, e como o Senhor proveria o crescimento,[6] senti o Senhor me sinalizando que isso aconteceria com o nosso projeto — e aconteceu. O Senhor rapidamente abriu o caminho para que nos mudássemos para um lugar mais organizado, perto da escola de Isa e Jeremy, em Holambra. Foi um milagre para mim, como a separação do Mar Vermelho; o Senhor nos levou para um lugar melhor, e Ele providenciou tudo de que precisaríamos. A fazenda para a qual nos mudamos, inclusive, tinha o número exato de camas para as crianças. Era lá que começaríamos a construir.

---

6   1 Coríntios 3:6-7

O Lar Feliz nasceu oficialmente no dia 2 de maio, e Deus continuou a abençoar e a prosperar os nossos objetivos através de presentes extraordinários de visitantes inesperados. Tornamo-nos proprietários quando recebemos uma visita de um médico e de sua esposa de Cleveland, Ohio. Estávamos procurando um imóvel para alugar, localizado diagonalmente em relação à fazenda que tínhamos alugada naquele momento. Quando vimos o preço do aluguel, achamos muito alto, mas o médico e sua esposa pagaram pela propriedade com dinheiro à vista. Paul viu a necessidade de ter mais salas para abrir as nossas portas não só para meninos, mas também para meninas e bebês. Deus providenciou tudo na hora certa. Não muito tempo depois, um casal holandês veio nos visitar e compraram a primeira fazenda que tínhamos alugado. Ter duas fazendas funcionais foi apenas o início da prosperidade com que Deus abençoou o Lar Feliz. Ele é um bom Pai, que ama os Seus filhos.

Embora originalmente tenhamos ido trabalhar ao lado de uma Igreja Batista de Campinas, Deus nos deu fé para nos tornarmos independentes e formarmos nossa própria ONG no Brasil. Era muita papelada, e cada detalhe foi pensado. Fomos desencorajados pela Igreja Batista, a princípio, a nos tornarmos independentes; mas depois, eles nos deram a sua bênção. Embora não fôssemos mais trabalhar juntos, nos despedimos como amigos. Nossa visão era diferente da deles, embora tivéssemos aprendido muito com eles. Por fim, iríamos crescer muito mais, e o Senhor atrairia os melhores brasileiros como funcionários em parceria conosco, transformando o Lar Feliz em uma instituição próspera que ajudou muitas crianças e mudou vidas. Duraria décadas.

O texto a seguir é do manual do Lar Feliz:

> *Lar Feliz, uma casa de acolhimento, foi fundada com a chegada de Paul van Opstal e de sua esposa, Jill, ao Brasil. Ao longo dos anos, Lar Feliz passou por muitas mudanças. Inicialmente, recebiam apenas meninos. Hoje, Lar Feliz é um abrigo para todas as crianças e adolescentes que foram retiradas de situações de alto risco em que estavam vulneráveis.*

A missão do Lar Feliz é prover crianças e adolescentes com as habilidades necessárias para se tornarem adultos capazes, exercendo a sua cidadania, estabelecendo relações e permitindo-lhes ter as melhores condições de vida. Quando possível, as crianças são devolvidas à sua família biológica ou parentes, mas às vezes a adoção por uma nova família é necessária.

As crianças e adolescentes que vivem no Lar Feliz variam de zero a dezoito anos, e provêm de famílias que carecem de proteção e cuidados, o que permite que sejam expostos a situações de risco e maus tratos. A duração da estadia no Lar Feliz de crianças e adolescentes depende de uma mudança dinâmica na situação familiar e é avaliada pelos poderes do abrigo e judiciais.[7]

Mudar de Guedes para uma fazenda à beira de Holambra foi uma mudança da noite para o dia. A incerteza tinha acabado, e começamos a construir. Nossa família levantou as estacas da barraca da vida, mudou-se para uma cidadezinha onde todos conheciam seus vizinhos e trocou o isolamento por uma comunidade. Fomos recebidos em grupos culturais holandeses-brasileiros, e as bênçãos começaram a chegar. Começamos a angariar apoio dos EUA e da Holanda, mas, em breve, a conscientização começou em nossa cidade. Muitas igrejas, organizações e escolas ofereceram apoio de várias maneiras. O isolamento na primeira fazenda em Guedes nos ensinou muitas coisas. A mais importante foi chegar ao nosso limite e confiar plenamente em Deus. A luz no final da noite longa e escura era segurar Sua mão com confiança e permitindo a Ele nos conduzir.

---

7   Solange Wagner e Paul van Opstal, *Manual do Lar Feliz* (Cosmópolis: Projeto Lar Feliz, 2001).

CAPÍTULO 9
Formando a equipe dos sonhos

"Lar é onde o amor reside, memórias são criadas,
os amigos sempre fazem parte e o riso nunca acaba."

(autor desconhecido)

Quando nos mudamos para o novo local, fizemos um plano organizado. Solange Wagner e o meu marido, Paul, foram capazes de escrever projetos que beneficiariam as crianças e conseguiriam fundos e conscientização para o nosso trabalho. Solange, nossa psicóloga, era um membro valioso da equipe que trouxe ordem e excelência ao nosso trabalho com as crianças. Ela também atraiu outros psicólogos e assistentes sociais que fizeram um trabalho extraordinário, formando a nossa equipe dos sonhos no Lar Feliz.

O funcionamento do abrigo dependia muito do trabalho em equipe. O Lar Feliz é cuidado por uma equipe técnica, que trabalha como intermediária entre as crianças, o sistema judicial e os pais biológicos. Este grupo, constituído por psicólogos e assistentes sociais, assegura os direitos das crianças.

A assistente social Cristiane Cravo, do Lar Feliz, descreveu para mim como era uma visita típica a um lar problemático. Sempre que entrava em uma casa, tinha que verificar coisas específicas, como os direitos básicos da criança, sua saúde e educação. Um sinal de que as coisas não estavam correndo bem em casa era a ocorrência de violência física ou abuso sexual, e um membro da família não perceber isso. Isso demonstrava falta de responsabilidade. A Cris tinha uma intuição aguçada, e fez muitas visitas a lares problemáticos em seu trabalho no Lar Feliz. Sempre notei que seu coração queria defender os direitos das crianças. É o que torna o trabalho dela tão eficaz.

As crianças que entraram na Casa da Esperança talvez tivessem chegado ao pior dia das suas jovens vidas. Notamos que crianças pequenas e bebês no Brasil não eram retirados de suas casas por pouca ou nenhuma razão. Muitas vezes, havia uma razão muito sombria e grave, em que as crianças pequenas já tinham sofrido abusos inimagináveis e negligência nas suas situações de vida; para a maioria das crianças que vieram para o Lar Feliz, o vício em álcool ou drogas era um fator.

Em uma instituição típica para crianças, um aspecto negativo é que a proporção de crianças para cuidadores é alta, o que resulta em agressão. Um sinal desse problema na criança pode ser agressividade, hostilidade e falta de vínculos.

Como resultado, contratamos muitos novos trabalhadores que seriam capazes de dar a cada criança todo o amor necessário para sua cura. Asseguramos que haveria muitas atividades em que as crianças pudessem aprender; e, na aprendizagem, elas explorariam os talentos que tinham dentro de si. Todos os aniversários eram comemorados, e cada criança tinha o seu próprio conjunto de roupas.

Daiane Lopez era uma nova assistente social na equipe do Lar Feliz. Ela é pequena, mas tem grandeza de mente e caráter. Recentemente formada em um programa rigoroso de cinco anos, ela aprenderia a colocar em prática as teorias recém-aprendidas.

Numa tarde, perguntei à Daiane como foi o trabalho. Ela compartilhou comigo que, durante sua primeira semana no Lar Feliz, chegou um menino de nove anos. Ela se lembrou da regra de ouro: a importância de ouvir a criança quando ela chega. Informações importantes podem ser obtidas apenas ouvindo.

— Você gosta da escola? — perguntou ela.

— Eu nunca vou.

— Aqui no Lar Feliz, o Pastor Paul garante que todos frequentem a escola. Você vai gostar!

Daiane começou a juntar a papelada da identificação do menino, incluindo sua certidão de nascimento, que ela precisaria para matricular o menino novo na escola. Ela também ligou para conseguir um cartão de saúde, para que ele fosse ao médico para exames de rotina.

Ela caminhou para a casa onde os meninos ficavam, que mais tarde foi chamada de *Casa da Amizade*. Ela gostaria de tentar descobrir com o monitor se o menino demonstrou algum interesse em alguma matéria em particular.

— Ele sabe nadar? — perguntou, enquanto os olhos miravam a piscina próxima, onde as crianças aprendiam a nadar.

— Ainda não, mas tenho certeza de que vai aprender, assim como todas as crianças quando chegam. Ele não tem medo de água, nem um pouco!

— Temos aulas de arte na segunda-feira e aulas de música na terça-feira. Vamos ver se ele gosta de participar dessas atividades!

Cada membro da equipa técnica, que incluía a Daiane, tinha uma grande quantidade de trabalho de escritório. Um plano de ação precisava ser elaborado no computador. A mãe do menino ia visitá-lo no Lar Feliz na sexta-feira. Daiane e o psicólogo Rodrigo iam entrevistar a mãe para verificar se ela podia encontrar um emprego. Qualquer sinal de dependência química seria considerado. Estatisticamente, mais de 90% das crianças que vieram para o Lar Feliz tinham um ou ambos os pais viciados em drogas ou álcool. Uma família pobre no Brasil ainda podia ser feliz, mas, quando a mãe ou o pai decidia usar drogas, era insuportável para as crianças envolvidas.

Nos primeiros anos do Lar Feliz, foi criada uma rede que nos ajudou a ver onde os pais buscaram ajuda no passado. Um sentimento de trabalho em equipe era frutífero para todos saberem o que estava acontecendo e como ajudar a família. Era importante saber o que já tinha sido tentado, para que a terapia produtiva fosse mais eficaz.

"Viciado em cocaína" foi escrito no registro do pai do menino, que esteve em reabilitação nos últimos meses. A mãe não tinha nenhuma esperança de apoio da família, e eles foram deixados morrendo de fome, num lugar imundo, sem esperança para o amanhã. Um professor que sentiu falta do menino na escola apresentou uma denúncia à agência de proteção de crianças, e foi feita uma inspeção na casa.

Após a inspeção, as informações foram recolhidas, assinadas pelo agente que fez a inspeção e enviadas ao juiz da vara da infância para determinar se a criança podia ficar em casa. O juiz decidiu retirar o menino de casa, depois de ter sido determinado que a família estava vivendo com um elevado risco de perigo ou morte. Viver na imundície, sem comida ou água, e sem escola eram sinais de que ele não estava bem cuidado em casa. Ele foi levado ao Lar Feliz.

Dentro de um mês, haveria uma reunião à tarde, em que o juiz e os oficiais fariam muitas perguntas sobre o progresso do menino. O plano em ação incluía sempre trabalhar com os pais biológicos, ajudando-os a melhorar a sua situação para devolver menino ao seu lar. Havia momentos em que este dia aconteceria, mas também momentos em que a criança teria de ser colocada para adoção, depois de se dar aos pais muitas oportunidades.

"Quero ir para casa", diziam quase todas as crianças que vinham para o Lar Feliz. As crianças tinham memórias turvas dos tempos difíceis que tinham sofrido. Essas crianças, muitas vezes, tinham o dom da confiança e do perdão para com os adultos em suas vidas, quer isso fosse merecido ou não. Na maioria das vezes, a criança sempre defendia a mãe, independentemente da situação.

Este era o dia típico de um assistente social no Lar Feliz. Com sabedoria, se constrói uma casa maravilhosa, e no Lar Feliz fomos confiados a crianças cujos lares foram destruídos pela insensatez. Cada pessoa tinha um papel importante a desempenhar no grande esquema de cuidar de uma multidão de crianças que iam e vinham. Algumas ficariam por um período mais longo, e outras, com parentes próximos, ficariam por períodos mais curtos de tempo.

CAPÍTULO 10
A vida dentro do Lar

"Ensina a criança no caminho em que deve andar, e ainda quando for velho, não se desviará dele."

Provérbios 22:6

Ela era uma menina de oito anos, de rosto doce, chamada Anna, com cabelo castanho-claro e pele clara e cremosa.

— Onde está a minha mãe? — perguntou Anna.

Seus olhos castanhos se encheram de lágrimas.

— Onde ela está? — perguntou ela com mais insistência.

A equipe da Casa da Esperança não tinha resposta. Fomos proibidos de permitir que as crianças da casa nos chamassem de "mãe", o que era muito claro. As regras tinham sido estipuladas de que nem sequer tínhamos permissão para dizer a uma criança que se "sentisse em casa" ao chegar ao Lar Feliz. Éramos encorajados a não fazer conexões fortes com nenhuma criança.

Entendíamos o raciocínio por trás disso, porque as crianças nunca ficaram permanentemente. Estavam apenas de passagem. Às vezes, estavam deixando situações de alto risco e, depois, voltariam para um lar melhor e uma família curada. Outras vezes, seriam colocadas para adoção e receberiam uma nova família. O Lar Feliz era apenas um lugar intermediário, como um hospital, onde se curariam. Entendíamos o que não podíamos dizer, mas o que podíamos dizer? Como podíamos confortar essa criança chorando, que, durante dias, continuava perguntando pela mãe? Nós a levamos a passeios em uma fazenda de animais e encontramos maneiras de distraí-la. Devido à gravidade da situação da casa de Anna, era altamente improvável que ela voltasse para lá. Em vez disso, ela e o irmão mais velho seriam colocados para adoção.

Tentamos tudo o que podíamos imaginar; mas, ainda assim, a menina chorava e perguntava pela mãe. Tive uma ideia ao me lembrar das minhas tias, que eram adoráveis e carinhosas. No Brasil, era costume chamar professores e adultos que trabalhavam com crianças pelos nomes de "tia" ou "tio", os equivalentes para "aunt" ou "uncle" em inglês.

Olhei para os olhos da pequena, que soluçava, e disse simplesmente:

— Aqui no Lar Feliz, só temos tias, não mães. Mas as tias são pessoas muito especiais. Elas cuidam de você e amam você quando ninguém mais está por perto.

O choro da menina finalmente parou, ela riu um pouco, me deu um abraço e começou a brincar lá fora.

Foi uma manhã límpida através das colinas ondulantes na fazenda interiorana em Jaguariúna. Tia Milene deu banho nas crianças pequenas e as vestiu com suas roupas de brincar. Sentaram-se no sofá cinzento fragilizado, assistindo desenhos animados, enquanto se cutucavam entre si de vez em quando.

— Esperem um minuto! — Milene exclamou, trazendo ordem mais uma vez para a sala de estar, localizada ao lado da cozinha.

As crianças estavam prestes a ir a um piquenique e mal podiam se conter. Ela cuidadosamente colocou uma forma pesada de lasanha no forno. O delicioso cheiro de carne moída, molho de tomate, ervilha, milho, presunto e queijo muçarela permeou a sala. Ela mexeu cuidadosamente uma panela grande e brilhante de metal, cheia de arroz, no fogão. Os temperos de alho e cebola fizeram com que seus olhos lacrimejassem.

As crianças ansiavam por um dia de piquenique com todas as suas forças, tanto que mal conseguiram dormir na noite anterior. Sacos de fraldas foram embalados com roupas extras, e um almoço nutritivo foi levado de carro, com suco e biscoitos para um lanche da tarde. Carreguei toda a comida, as roupas e uma criança ou duas no meu carrinho, e dirigi até a primeira fazenda onde o Lar Feliz teve origem. Lá, mangueiras abundantes sombreavam a grama macia sob os nossos pés. A pousada era agradável e arrumada, com uma calçada pavimentada e uma piscina nos fundos. Tinha uma cozinha grande, onde podíamos esquentar a comida e manter as bebidas geladas na geladeira. As crianças mais velhas desciam da Casa da Esperança para a estrada ensolarada, passando por flores de hibisco e por um rancho de cavalos no caminho. Selma, uma das cuidadoras de crianças, veio a pé com as crianças, trazendo um pequeno canivete, para o caso de se deparar com algumas mangas maduras no caminho.

Felizmente, algumas mangas grandes e tortas tinham acabado de cair no chão. As crianças as apanharam, e Selma cuidadosamente descascou as frutas doces, grudentas e perfumadas. As crianças fizeram um círculo, cada uma à espera de um pedaço daquela delícia suave. Comeram três ou quatro mangas em poucos minutos, deixando para trás vestígios de coloração laranja brilhante nos lábios. As crianças e os trabalhadores formaram uma linha e caminharam o resto da curta distância até a fazenda. A luz e a brisa da manhã estavam perfeitas para caminhar, nem muito quente nem muito frio. Eles cantaram uma música no caminho. No meio da equipe brasileira estavam dois voluntários holandeses, Sanne e Roosje, que ficaram contentes em pegar na mão de uma criança pequena ou levá-la no quadril pelo resto da caminhada, quando esta ficou muito cansada. Uma vez aberto o grande portão da fazenda, alguns dos meninos começaram a correr, pensando na água fria da piscina para onde se dirigiam.

Antes de nadar, eles deram uma olhada nos animais da fazenda. Havia muitas galinhas andando soltas no galinheiro, e alguns coelhos peludos em gaiolas. As crianças acariciavam e pegavam cuidadosamente os animais, o que às vezes levava a ruídos de alegria. Havia um cavalo velho que puxava uma carroça, e cada criança deu um passeio. As caminhadas na natureza ao longo do caminho arborizado acalmaram os nervos das crianças e das educadoras também. O riso delas ficou um pouco mais livre ao saltarem na piscina. Seus apetites ficaram satisfeitos com a comida quente servida depois da brincadeira. Foram os melhores dias que tivemos com as crianças e também com os adultos, o tipo de momento que se torna memória dourada e nunca desaparece.

Eles nadavam juntos, comiam lasanha e nadavam novamente, enquanto os menores tiravam cochilos, até chegar a hora de voltarem para casa. Na noite seguinte, a casa toda desfrutou de um sono profundo, sem dar um único pio. No final do passeio de piquenique, as crianças que tinham vindo de situações de sofrimento riram um pouco mais facilmente, conversaram um pouco mais e dormiram pacificamente, sem chorar à noite.

Era o aniversário dela. A menina tinha rosto de anjo e cabelo afro curto, preso com fitas cor-de-rosa nas laterais. Ela havia sido deixada numa estrada solitária para se defender sozinha, enquanto a mãe estava ausente. Foi abusada sexualmente mais de uma vez, antes de ser tirada de casa, um dia, por uma assistente social, depois que um professor notificou o sistema de proteção à criança — uma organização que oferecia uma rede de ajuda para capturar infratores. Ela se encontrou no Lar Feliz.

Foi estranho para ela no início, e ela ficou sentada no meu colo durante uma hora, até finalmente conhecer as outras tias. No Lar Feliz, ela se desenvolveu em termos de confiança e beleza, e seu passatempo favorito era pintar desenhos. Ela ria e brincava com as outras crianças e as educadoras.

Aquele dia foi o dia da decisão para o seu caso. Era o seu aniversário, e era também o dia das audiências na vara infantil, onde o seu caso seria ouvido perante o juiz. Ela estava usando um vestido de verão fresco. Ela foi comigo, no meu carrinho, por uma curta distância para a primeira fazenda, onde o julgamento foi realizado e organizado pela equipe do Lar Feliz. Passamos por uma fila de orquídeas, e o cheiro do café estava no ar enquanto íamos para a sala de estar. Uma vez que chegamos à audiência, ela sentou-se apenas por um momento para dizer olá ao juiz. Depois, foi levada de volta para a Casa da Esperança. No caminho de volta, inevitavelmente, vi o rosto despedaçado da mãe da menina, soluçando abertamente e ajoelhada no chão, enquanto os olhos da filha estavam desviados no banco de trás do carro.

De volta ao Lar Feliz, havia uma festa surpresa à espera da menina, com bexigas de todas as cores penduradas no teto e um dos deliciosos bolos de coco e chocolate da Tia Milene. Ela estava chorando de forma comedida, sentindo que algo não estava certo. As lágrimas da mãe significavam, de fato, que ela não voltaria para casa nunca mais. Ela esfregou os olhos enquanto soprava as velas, depois de toda a Casa da Esperança cantar: "Parabéns para você, nesta data querida, muitas felicidades, muitos anos de vida! É pique, é pique! É hora, é hora! RA-TIM-BUM! Rachel! Rachel!"

Ela bebeu o que restava de refrigerante gelado de um copo de papel e rapidamente desembrulhou seu presente, que era uma boneca feita de plástico brilhante, de boca rosa, com um vestido fino florido, cabelo amarelo e olhos grandes e redondos. As outras crianças pequenas exclamavam com alegria e queriam pegar a boneca nova.

A menina deixou o Lar Feliz alguns meses depois para morar com uma tia bonita, que tinha uma casa a uma certa distância. Rachel levou com ela algumas roupas novas, um álbum cheio de fotos, alguns lápis de cor e livros para colorir, em uma bolsa costurada à mão, e três pares de sapatos. Ela recebeu uma carta da Casa da Esperança, cheia de mensagens de amor que as tias tinham escrito para desejar sucesso, e havia orações de bênçãos para sua nova vida. Ela também levou uma colcha caseira azul e vermelha, que foi feita com orações por um círculo de costura de mulheres de Ohio. Ela nos deixou, mas finalmente encontrou um lar.

CAPÍTULO 11
A bênção de Abraão

"Pela fé Abraão, quando foi chamado a ir para um lugar que havia de receber posteriormente por herança, obedeceu e saiu, sem saber para onde ia."

Hebreus 11:8

Holambra
9 de junho de 2007

A campainha tocou, e eu corri para ver quem era. Um homem alto e loiro, vestindo um terno executivo e de sorriso largo, esperava na rua. Seu nome era Pastor John van Harn, e logo se tornaria um novo amigo. Ele era americano de ascendência holandesa, e ensinava sobre a sabedoria de Deus, a questão principal. Pregou em várias igrejas brasileiras durante sua estadia. Sempre manteve a agenda cheia durante o seu tempo em Holambra. Enquanto caminhávamos pelas terras das fazendas do Lar Feliz com o Pastor John, trocamos histórias para lá e para cá. Paul contou-lhe que tínhamos chegado ao Brasil com apenas oito malas.

— Não! — disse o pastor John. — Isso não é verdade!

— O que quer dizer? — Paul perguntou. — Claro que é verdade!

— Não! — disse o pastor. — Vocês vieram com oito malas e a bênção de Deus!

— Sim, você tem razão! — Paul disse, com um brilho no rosto.

Muitas vezes, depois daquele dia em que Paul compartilhou como viemos para o Brasil, ele se lembrava do que o pastor John disse e compartilhava: "Viemos para o Brasil com oito malas e a bênção do Senhor!"

Um velho Ford em ruínas entrou na entrada da garagem do Lar Feliz, onde Paul estava à espera para receber uma família de três meninos. Era fácil reconhecer os sinais de desespero que tantas vezes vinham com os recém-chegados. Eles saíram do carro do assistente social, com os pés descalços e desprotegidos da calçada quente. Não tomavam banho havia algum tempo e, como coçavam a cabeça, só se podia imaginar que estavam cheios de piolhos. Os irmãos tinham apenas um conjunto de roupas cada um. O carro do serviço social foi embora, e os meninos abaixaram a cabeça, como se estivessem pensando no que aconteceria a seguir.

Paul se ajoelhou ao lado deles e disse:

— Vocês não têm sapatos?

O mais velho dos três irmãos balançou lentamente a cabeça, enquanto seus olhos cheios de água olhavam para o chão.

— Bem, podemos orar por isso! — ele disse a eles, e todos juntaram as mãos e inclinaram a cabeça.

— Pai, nós agradecemos muito por nos amar! O Senhor sabe do que precisamos, Pai Celestial, mesmo antes de pedirmos. O Senhor irá prover roupas e sapatos para estes três irmãos, e o leite extra de que precisamos para o projeto? Agradecemos desde já a vossa provisão, Senhor. Amém!

Eles abriram os olhos e depois foram buscar algo para comer de café da manhã. De repente, um carro desconhecido parou na estrada. Um homem grande, de pele rosada, saltou do carro e tirou duas caixas de papelão e uma bolsa grande do carro.

— Aqui está uma doação para vocês! — disse ele, acenando.

Deixou as caixas na calçada, entrou no carro e foi embora.

Paul e um monitor foram até lá e pegaram as caixas, descobrindo que estavam cheias de roupas e sapatos infantis. Ele pegou os sapatos e os trouxe para os meninos.

— Tenho alguns sapatos para vocês. Por que não experimentam?

Havia três pares de sapatos quase novos, do tamanho exato que cada menino precisava. Eles calçaram os sapatos ansiosamente e começaram a sorrir, derretendo a ansiedade. Mais tarde naquele dia, um fazendeiro holandês mais velho veio com uma vaca preta e branca, que forneceria leite fresco para todas as crianças. Foi uma das maneiras especiais de Deus trabalhar a favor delas.

Muitas orações foram feitas pelo Lar Feliz: orações de provisão, orações para as crianças que vinham e orações pelas suas famílias quando iam embora. O Lar Feliz, uma organização sem fins lucrativos, tinha apenas 70% das suas necessidades financeiras pagas pelas prefeituras de diferentes cidades. O restante do dinheiro e dos materiais necessários tinha de ser angariado. Ele vinha de todos os lugares, de fontes inesperadas. Vinha de igrejas e de clubes. As doações muitas vezes vinham do Brasil, mas às vezes vinham de outros países. Independentemente disso, elas vinham. O Senhor providenciava tudo o que era necessário.

Numa manhã, Paul estava no jardim, meditando sobre 1 Coríntios 2:9: *"Mas, como está escrito, olho não viu nem ouvido ouviu, tampouco entraram no coração do homem as coisas que Deus preparou para aqueles que o amam."*Quando Paul e eu chegamos naquela manhã no Lar Feliz, a secretária Sônia tinha algumas notícias terríveis. Ela disse que a cidade, cujas vinte e duas crianças nós cuidávamos, nos devia R$135.000 e tinha decidido não pagar. Disseram que estavam com um déficit nos fundos e simplesmente não tinham como pagar.

Era preciso muita coisa para deixar meu marido agitado, mas, com essa notícia, Paul agarrou a cadeira mais próxima e rapidamente se sentou nela. Se não conseguíssemos angariar esse dinheiro, o Lar Feliz poderia fechar. Cada cidade assinava um contrato prometendo o pagamento pelo trabalho de cuidar das crianças abrigadas no lar, mas, às vezes, esses contratos eram menosprezados pelos políticos. Esse dinheiro pagava os salários dos trabalhadores, a comida e as roupas. Uma coisa que ele não pagava era um salário para Paul. Ele sempre foi voluntário, trabalhando sem salário e vivendo de doações por toda a sua carreira.

Depois que Paul recebeu a notícia de que a cidade não pagaria, ele rapidamente digitou esse versículo de 1 Coríntios 2:9, copiou-o em um grande papel branco e colou-o na janela do escritório principal. Todos fizeram o que podiam fazer — no caso, orar.

Dentro de uma semana, todo o dinheiro necessário entrou, e todas as contas foram pagas. Foi o Senhor que agiu por meio da preparação de um milagre financeiro. O Lar Feliz era a obra do Senhor, e, não importava o que se passava na economia, tudo era sempre provido até o último detalhe. O Lar Feliz foi abençoado para ser uma bênção. A capacidade de demonstrar generosidade para com outros ministérios com o que sobrava — incluindo doações de comida para três casas de reabilitação diferentes nas proximidades — era realmente a mão de Deus.

CAPÍTULO 12
Costurado

"Porém crescei na graça e conhecimento de nosso Senhor e Salvador Jesus
Cristo. A ele seja dada a glória, tanto agora, como para sempre. Amém."

2 Pedro 3:18

Nossa pequena família, que foi transferida da Holanda para Holambra, continuou a crescer em graça e auxílio com Deus. Durante os primeiros anos morando no Brasil, nossa família se mudou de uma casa para outra. Nada servia para nós, até que, um dia, pensamos ter encontrado a nossa casa dos sonhos, que estava disponível para alugar com opção de compra. Ela ficava localizada em uma estrada principal chamada Avenida das Tulipas e havia sido construída nos primeiros anos de Holambra, com teto alto e uma grande varanda frontal. Era sombreada com palmeiras altas, que balançavam para frente e para trás. Havia um quintal grande, onde Jeremy e Isa podiam brincar de pega-pega, receber amigos e sentar à sombra. Mudamos para essa casa, refizemos a entrada e plantamos jardins ao lado e na frente, fazendo tudo exatamente como gostaríamos que fosse a nossa casa permanente. Estávamos tão entusiasmados!

O Lar Feliz estava se tornando uma grande instituição, totalmente estabelecida, que, ao mesmo tempo, recebeu noventa e nove crianças no total. Naquele ponto, já não era mais possível morar na fazenda juntamente com o projeto, porque não tínhamos espaço privado para a família. A casa localizada na primeira fazenda recebeu equipes de construção dos EUA, Canadá e Holanda. Começamos a ajudar crianças de cerca de vinte cidades diferentes da região. Crescemos em doações e conhecimento, e tínhamos uma equipe muito profissional que cuidava dos cuidadores do Lar Feliz. Cada pessoa começou a ver a importância de receber formação constante em métodos para educar melhor as crianças que haviam passado por traumas.

Vimos os resultados. Vidas mudaram e, às vezes, sempre que possível, famílias inteiras foram curadas e restauradas. Quando as famílias imediatas das crianças resistiam às mudanças necessárias que tornariam possível o retorno delas para casa, elas eram encaminhadas para adoção, para famílias que estavam prontas para amar. Era lá onde recebiam a melhor oportunidade para ter uma vida feliz e bem-sucedida. Elas recebiam lares felizes, mas a família van Opstal ainda estava no processo de encontrar o próprio lar permanente.

Dick e sua esposa Jill, de Ohio, amaram o trabalho que Paul e eu estávamos fazendo no Lar Feliz. Sendo diretor aposentado de uma escola pública, ele amava qualquer trabalho que ajudasse, alimentasse e educasse crianças. Ele organizou várias equipes de construção que vieram nos primeiros anos para estabelecer o abrigo. Foi um esforço em equipe entre os grupos de Ohio e os trabalhadores brasileiros da construção civil. Eles construíram uma cozinha industrial, bem como uma casa grande com quatro suítes, que seriam usadas para as meninas adolescentes. Ampliaram a Casa Meninos e os escritórios, e o seu último projeto foi construir uma Casa Berçário perfeita, chamada Casa da Esperança — ou *"House of Hope"*, em inglês.

Foi em uma dessas construções que ocorreu um acidente infeliz. Quando Dick e a equipe vieram para o Brasil, eles fizeram as malas com todos os tipos de ferramentas dos EUA que poderiam usar. Tinham que fazer o trabalho árduo de colocar blocos de cimento, serrar madeira usada para fazer os tetos e lidar com todos os tipos de serviço, pequenos ou grandes, para completar a construção. Foi durante o corte da madeira que Dick teve um acidente lamentável. Ele cortou a mão esquerda muito profundamente, entre o dedo indicador e o polegar. Uma mulher que estava trabalhando nas proximidades viu o corte e rapidamente pegou o kit de primeiros socorros que estava no local de trabalho.

A mão de Dick foi enfaixada profissionalmente, e, para a surpresa de todos, ele disse: — Tenho um compromisso na escola da Isa e do Jeremy, onde vou fazer um discurso!

Eu fui ao projeto para buscar Dick e levá-lo até a escola, onde todos os alunos estavam reunidos no grande salão.

— Está tudo bem no Lar Feliz? — perguntei.

Dick estava muito quieto e apenas disse:

— Sim.

Quando chegamos e Dick estava falando na frente, ele estava um pouco sério e não parecia estar normal.

— Como vocês estão terminando os estudos aqui no Brasil, a faculdade é definitivamente algo a se considerar para o futuro de vocês, se não quiserem acabar trabalhando no McDonald's — disse Dick.

Os alunos reagiram com uma gargalhada por causa de sua honestidade. Eles o aplaudiram com entusiasmo, saíram do auditório e voltaram para a aula.

De volta ao carro, nos preparando para voltar ao Lar Feliz, Dick me disse:

— Sofri um acidente e preciso ir ao médico imediatamente.

Foi então que reparei na mão dele, que estava enrolada muitas vezes com fita branca e gaze.

— Felizmente temos uma clínica gratuita nas proximidades — disse.

Fiz uma curva à direita com o carrinho, e chegamos lá em apenas alguns minutos.

O pequeno hospital em Holambra parecia ultrapassado aos olhos de alguém tão habituado aos serviços de saúde na América do Norte. Tinha médicos muito bons, eu lhe havia assegurado; e o atendimento era gratuito. Muitas vezes, trabalhadores e voluntários do Lar Feliz recebiam ajuda lá.

— Há alguém que sabe falar inglês? — disse Dick, enquanto os olhos vagavam pela sala de espera cheia de mães jovens com bebês chorando, senhorinhas idosas e enrugadas, e alguns jovens com uma tosse desagradável.

Sentamo-nos nas pequenas cadeiras de metal branco durante cerca de uma hora e meia, depois que a enfermeira pegou o nome de Dick e mediu sua pressão arterial.

— Não deve demorar muito mais agora — disse eu, tentando ser a voz do otimismo.

Na mesma hora, fomos chamados para uma salinha no hospital, onde um enfermeiro falava um inglês "meia-boca". Ele removeu cuidadosamente as ataduras de Dick e desinfetou a ferida.

— Um cirurgião está chegando — disse ele, enquanto fazia um gesto para que Dick se sentasse na mesa. — Vai levar um tempo — foi tudo o que ele disse.

Sentamo-nos em silêncio na salinha limpa do hospital, olhando para um cateter intravenoso antigo que estava por perto.

— Ele deve voltar logo — respondi, ao olhar o meu relógio de pulso. Mais tarde soubemos que o cirurgião foi chamado durante as suas férias para vir e costurar a mão ferida de Dick.

— Esses hospitais não são como os americanos, mas as pessoas são amigáveis — disse ele, quando um homem de botas de vaqueiro e chapéu entrou na sala e fez algumas perguntas a Dick. Perguntou calmamente como tinha acontecido, depois limpou e esterilizou suas mãos e as tesouras.

— Esse é o cirurgião? — Dick disse, pensando em voz alta. Embora tenha ficado quieto, sua expressão falava por si mesma.

O cirurgião bem treinado rapidamente lhe deu uma injeção e começou a trabalhar, costurando a ferida. Seus dedos ágeis executaram graciosamente a cirurgia com uma habilidade incomum. Do mesmo modo que começou rápido, terminou rápido; e, com um tapa nas costas de Dick, ele fez uma receita de antibiótico.

—Tenha uma boa visita ao Brasil! — disse quando saiu da sala.

Depois que Dick voltou para os Estados Unidos, uma semana depois, foi ao médico da família, que examinou os pontos com um olhar incrédulo no rosto.

— Onde você disse que fizeram isso? — perguntou ele. — Eu nunca vi nada assim! O cirurgião fez um belo trabalho, e provavelmente você sequer terá uma cicatriz.

— Doutor, você não vai acreditar se eu te disser — disse Dick. — Foi feito em um pequeno hospital em Holambra, Brasil.

A equipe se reuniu à noite e fez uma refeição juntamente comigo, Paul, Isa e Jeremy. Era uma época em que todos podiam falar sobre todas as coisas que os perturbavam, a estes santos amadurecidos da nossa igreja natal em Ohio. Paul expressou seu desejo de ter uma casa em Holambra, em vez de pagar aluguel, mas era quase impossível para nós conseguir um empréstimo de um banco no Brasil com uma taxa de juros decente.

— Venha aqui, querida — Sandy me disse enquanto fazia um gesto para que eu me sentasse. Sentamos para jantar com Sandy e Rich, Warren e Karen, e Dick.

Comemos "sloppy joes" (sanduíches de carne moída) e salada: comida americana, e sorvete de sobremesa. Estávamos cada um comendo o sorvete perfumado que era tão doce. O sabor era familiar, mas o que era?

— Ah, mamãe! — Jeremy disse do nada. — É sorvete de milho!

Todos se olharam com expressões estranhas nos rostos, sem saber o que dizer a seguir.

— Bem, Sandy, estava na promoção? — Warren perguntou com um olhar confuso no rosto. Todos começaram a rir muito porque, embora as pessoas em Ohio adorassem comer milho doce fresco, nunca havia ocorrido a eles que pudesse existir um sorvete com esse sabor.

— Talvez da próxima vez você deveria comprar o sorvete com sabor de feijão-verde! — Warren disse, e nós rimos novamente.

Então, sentamos para jogar outro jogo de cartas. Quem ganhou a mão naquele dia fez uma verdadeira farra.

CAPÍTULO 13

Plantio

"Uma casa é feita de paredes e vigas. Um lar é feito de amor e sonhos."

–Ralph Waldo Emerson

Era o momento de a equipe voltar para casa; e, depois de apenas uma semana e meia, muito tinha sido conquistado no Lar Feliz, bem como na nossa própria vida pessoal como família. Com a ajuda de Dick, conseguimos o empréstimo de um banco nos Estados Unidos para comprar a nossa casa em Holambra de uma mulher que morava na Holanda. "Complicado" era uma palavra muito pequena para todas as transações que ocorreram. De repente, a porta foi fechada com um grande cadeado e a chave jogada fora.

— Eu não vou vender a casa! — disse a senhora holandesa idosa ao telefone para Paul. — Se me oferecerem o que quer que seja, ainda não vou vender! A casa apenas não está à venda! Eu mudei de ideia! — disse ela.

Paul calmamente desligou o telefone com um olhar atordoado no rosto.

— Ela não vai vender — disse ele enquanto me relatava os detalhes.

— Por que não? — perguntei. — Deve haver uma razão. Por que nos deixar ter esperança depois de termos morado aqui tantos meses e consertá-la como se fosse nossa?

Parecia uma piada cruel, mas era verdade. Sem nenhuma razão que soubéssemos, a senhora holandesa que era a nossa locadora, que agora morava na Holanda, tinha tomado a sua decisão final. A casa, a nossa casa dos sonhos, não estava à venda. Poderíamos continuar a alugá-la pelo tempo que quiséssemos, ou então procurar outra casa diferente que pudéssemos comprar. Com o dinheiro do empréstimo em mãos, decidimos fazer o último.

Ligamos para alguns corretores de imóveis diferentes e começamos a caça a uma nova casa com o empréstimo financeiro dos EUA que tínhamos garantido. Primeiro, olhamos uma casinha sem nenhum jardim, que era pintada de cima a baixo de verde hortelã.

— Não acho que seja para nós — disse Paul à mulher que nos ajudou. — Minha esposa gosta de ter um jardim.

— Quem precisa de jardim? — perguntou, ela rindo. — Aí você precisa trabalhar nele.

Olhei para Paul e balancei a cabeça. Esta casa não era para nós!

Olhamos casas enormes e também pequenas. Nenhuma delas parecia certa, até que chegamos a uma casa que precisava de reparos. Era nova, mas nunca tinha sido terminada corretamente e nunca tinha sido pintada. A família, tendo passado por tempos difíceis, queria vendê-la rapidamente pelo preço certo. O custo era exatamente o montante que tínhamos emprestado do banco. Era uma casa grande, com muitos compartimentos e quartos pequenos, e um lote vazio ao lado que podia ser transformado em um belo jardim. Assinamos a compra da casa e mal podíamos esperar para começar.

Tivemos outro contratempo quando o banco em Ohio adiou o envio do dinheiro para pagar a casa que tínhamos acabado de comprar. Enquanto Paul preparava o cheque para pagar o primeiro dos dois pagamentos feitos ao banco, ele sentiu um nó no estômago. Podíamos confiar em Deus para receber mais um milagre nesta emergência? Naquela época, uma equipe canadense veio com Gordon e Bonnie para servir e começaram uma reunião de oração para que o dinheiro chegasse a tempo. Como Deus sempre faz, o dinheiro veio no momento certo — nem um dia antes, nem um dia depois.

A casa foi pintada, e colocamos uma escada em espiral onde a sala do sótão seria o quarto principal. Falamos muito sobre com qual cor pintar o exterior da casa. A varanda dos fundos, que era usada para guardar sapatos e bicicletas, transformamos em uma sala de estar externa, onde podíamos fazer grandes jantares e festas. No jardim, havia apenas uma mangueira e algumas palmeiras, sem grama, flores e plantas verdes. Tinha sido praticamente um lugar onde a família anterior despejava o lixo e deixava os cães correrem. Paul chamou um jardineiro que foi recomendado, e ele também encontrou outro que oferecia um preço muito mais barato. A loja de jardinagem, que era bem conhecida, tinha certeza de que poderia transformar o lote num jardim magnífico, mas o preço era um pouco mais alto. Tal como acontece com muitas outras decisões, Paul, que vivia de uma renda de presente, tomou a decisão com base no preço mais baixo. Embora conhecêssemos a floricultura, que era muito bem recomendada e gerida por uma família holandesa em Holambra, era sempre uma boa ideia poupar um pouco de dinheiro, ou era o que pensávamos.

A manhã de segunda-feira veio com luz solar dourada, e o jardineiro muito simpático chegou com suas ideias e planos. Ele iria mover as pequenas palmeiras plantadas no canto junto à parede do jardim e plantaria um grande espaço de grama verde-escura. Ele também plantaria um jardim de rosas.

— Apenas o melhor para os van Opstals — disse ele.

"Pague sempre aos trabalhadores de um produto ao final da tarefa concluída, incluindo encomendar um bolo, reformar a cozinha, pintar uma casa, ou plantar um jardim." Um sábio conselho brasileiro que devíamos ter ouvido.

No final da semana, as árvores foram transplantadas, e o jardineiro amigável pediu que o dinheiro restante fosse pago antecipadamente, para que ele pudesse comprar as rosas no fim de semana. Paul, que confiava em praticamente qualquer pessoa, estendeu a mão e pagou a grande quantia ao jardineiro em dinheiro.

— Até segunda-feira! — ele gritou enquanto ia embora em seu caminhãozinho.

Na segunda-feira, houve uma chuva suave, que também apareceu nos três dias seguintes. Pouca jardinagem podia ser feita naquela semana.

Na semana seguinte, Paul ligou para o número do jardineiro. O telefone tocou e tocou até a chamada cair na caixa postal. Infelizmente, isso continuou por alguns dias. O jardineiro tinha acabado? Onde estavam a grama e as rosas? Parecia que ele tinha esquecido algumas coisas!

Como estrangeiros no Brasil, por vezes fomos alvos de vendedores que davam preços mais altos para nós do que para os brasileiros. Já tínhamos sido muito enganados, recebido troco a menos e até insultados, mas havia algo sobre esta perda do nosso jardim há muito desejado que acrescentou prejuízo ao insulto. Naquele momento, teria sido a coisa mais natural para nós ter uma visão negativa do mundo em relação ao povo brasileiro, mas Deus nos chamou aqui. Ele era digno da nossa confiança. Então, esperamos por uma resposta do simpático jardineiro.

Na semana seguinte, um homem que se assemelhava ao nosso jardineiro tocou a campainha no portão. Abrimos a porta, e entrou um homem que era, na verdade, o irmão do jardineiro.

— Tenho orado por ele por muitos anos — disse ele.

Paul acenou com a cabeça e demonstrou compreensão.

— Vou contatá-lo e descobrir para onde ele foi — disse o irmão.

No fim das contas, o jardineiro foi para uma cidade distante, na praia, usando o nosso dinheiro para desfrutar uns dias em um hotel.

Na semana seguinte, o jardineiro chegou à porta com o chapéu na mão, de cabeça baixa e com um pedido de desculpas. O irmão dele o seguiu de perto. Ele pediu mais dinheiro para comprar a grama, que vinha em rolos grandes, já pré-cultivada. Paul não queria confiar neste homem, mas sabia que devia confiar em Deus. O irmão havia pedido outra oportunidade, e Paul estava disposto a dar. No final do dia, tínhamos um belo quintal com grama. Estava completo, mas precisava ser regado. Era um jardim básico, e não havia dinheiro suficiente para rosas.

— Mas mais tarde poderíamos comprá-las nós mesmos — disse eu, enquanto Isa e Jeremy corriam descalços no novo gramado.

Faríamos deste um belo jardim com o tempo. Deus torna tudo bonito no tempo certo.[8] Havia dificuldades, mas sempre havia algo para agradecer. Deus fez com que tudo acontecesse da melhor forma.

---

8   Eclesiastes 3:11

CAPÍTULO 14
A luz no fim do túnel

"Deus põe os solitários em famílias; ele liberta aqueles que estão presos em correntes; mas os rebeldes habitam em terra seca."

Salmos 68:6

inha mãe foi embora e nunca mais voltou para casa! — Andrea, uma trabalhadora, soluçou as palavras lentamente enquanto todos estavam sentados em círculo durante um treinamento interno no Lar Feliz. Eu a conhecia como uma trabalhadora dedicada, que tinha um sorriso amigável e um temperamento regular. Ela trabalhava com crianças, mas, inicialmente, tinha vindo trabalhar com um adolescente com deficiência que precisava de cuidados totais. Depois de todos terem compartilhado algo no grupo sobre as suas memórias de infância, todos sabiam mais uns sobre os outros, e como não tinha sido um caminho fácil para a maioria dos que ali estavam sentados. Os que mais sofreram com abandono e pobreza foram os mesmos que saíram do seu caminho para fazer as crianças se sentirem em casa no Lar Feliz, com 100% de dedicação.

O nosso foco tinha sido, na maior parte, nas crianças e nas suas necessidades variadas, mas o que tinha nascido no meu coração era a necessidade de tocar estes trabalhadores. Estes eram brasileiros que não eram apenas ajudantes na nossa visão, mas também eram nossos amigos, eram entes queridos, praticamente como família!

Gui sofria de meningite espinhal quando criança. Ele era incapaz de comer sozinho e ficou em uma cadeira de rodas durante toda a sua vida de dezessete anos. A mãe dele tinha cuidado muito bem dele em casa. Mas, à medida que ele ficava mais alto e a mãe envelhecia, tornou-se impossível para o Gui receber os cuidados de que precisava em casa. Ele chegou ao Lar Feliz muito magro e frágil. Tinha uma tosse que chacoalhava a sala, e todo o seu corpo era inclinado para um lado.

O dia em que chegou ao Lar Feliz foi também o primeiro dia em que Andrea veio trabalhar como sua monitora e auxiliar no cuidado de todas as suas necessidades. Um diário era mantido todos os dias sobre quaisquer mudanças ou desenvolvimentos na sua saúde. Ele foi imediatamente amado por todos os trabalhadores, e eles se esforçaram muito para cuidar dele e ajudá-lo a se desenvolver e crescer saudável e mais forte. Gui tinha um quarto privado especial, que era mantido rigorosamente limpo de todo o pó para protegê-lo de qualquer infecção. Embora ele tivesse o seu próprio quarto privado para dormir e se vestir, não era mantido separado das outras crianças nem das atividades. Ele andava na cadeira de rodas com uma pessoa da equipe até a sala de jantar abaixo, onde participava de festas de Natal, jantares e outras coisas divertidas. Quando as crianças pintavam, ele também recebia um pincel, embora, às vezes, caísse no chão depois de ele soltá-lo e sujar a camiseta antes de cair.

Embora Gui não pudesse se comunicar com palavras, as crianças sempre sabiam como ele estava ou o que queria dizer.

— O Gui está triste hoje. Está vendo? — uma menina de cabelos encaracolados disse suavemente.

— Como você sabe? — perguntei, enquanto olhava com atenção para ver o que a menina tinha notado. Então, olhando o rosto dele, vi lágrimas no canto dos olhos, embora ele não tivesse expressão.

Gui continuou a crescer bem até seus anos de adolescência. Seu corpo frágil e amassado tornou-se o de um jovem rapaz de dezessete anos. Seu corpo indefeso era banhado e cuidado carinhosamente como se fosse o de um bebê recém-nascido. Ele continuou a viver, embora sua expectativa de vida não fosse muito longa. Comia, bebia e ficava alerta, embora a tosse drenasse sua força. Seus pulmões sofriam, e ele tremia enquanto arfava, buscando ar.

A época de Natal chegou ao Lar Feliz, e cordas de luzes brancas simples foram penduradas na varanda. Era o lugar favorito de Gui para se sentar, e ele olhava fixamente para as luzes durante horas. Era a sua forma preferida de passar o tempo.

Numa certa noite de dezembro, Andrea, sua monitora, estava cuidando dele. Ele parecia tão bem e feliz naquela noite enquanto observava as luzes de Natal. Ela escreveu: "Nunca vi o Gui tão feliz como nesta noite. Parece que nada pode tirar o sorriso do seu rosto cansado." Naquela noite, o batimento cardíaco de Gui diminuiu e, por fim, parou. Foram feitas todas as tentativas para reanimá-lo na ambulância e no hospital. Todos no Lar Feliz e sua família ficaram de luto, embora soubessem e compreendessem que ele viveu mais tempo do que as expectativas da equipa médica. Antes de Gui ir à sua Casa Celestial, ele ensinou muitas coisas aos trabalhadores do Lar Feliz. Ele os ensinou a acreditar na beleza da luz durante tempos sombrios e difíceis. Ele se expressava sem palavras e era completamente compreendido por uma criança que era a mais sábia de todos nós. Participou e apreciou a maioria das atividades, embora estivesse limitado em seu corpo frágil. Ele amava as pessoas, e elas, por sua vez, sentiram e retribuíram seu amor.

No seu funeral, houve lágrimas. A equipe médica do hospital próximo elogiou o bom trabalho feito por nossa equipe. Afinal, Gui teve uma boa qualidade de vida, mesmo no final de seus dias. Ele nunca foi esquecido. Seu tempo na Terra foi curto e cheio de problemas, mas também cheio de paz e amor daqueles ao seu redor. Ele saiu das trevas para a maravilhosa luz de Deus.

Agora, ele estava livre para voar e correr por um gramado. Posso ouvi-lo rindo e gritando com todo o seu coração em seu lar no Céu.

CAPÍTULO 15

O amor não conhece limites

"O amor começa em casa."[9]

–Madre Teresa

Havia uma pequena mulher holandesa e loira de Holambra chamada Veroni. Ela tinha a tenacidade de um trem de carga, e, por mais alta que fosse a montanha, como aqueles trens, ela seguia em frente! Seu amor pelo trabalho social levou-a a visitar o Lar Feliz, onde se apaixonou tanto pelos trabalhadores quanto pelas crianças, e foi uma corrente constante de encorajamento em um deserto de dificuldades. Não importava o problema que vinha com a criança, ela tinha algumas ótimas ideias para ajudar. Ela fez o acolhimento de crianças ser divertido, como deveria ser. Afinal de contas, se os trabalhadores se divertiam, as crianças também. Se os trabalhadores sofriam com o trabalho duro, muitas vezes as crianças também ficavam chateadas, tristes e se comportavam mal como resultado. Quando se divertiam, sentiam-se amadas e conectadas aos adultos no comando. Nunca havia problemas, e faziam exatamente o que lhes era dito.

Uma vez, havia uma pequena família morando em um bairro perigoso. Moravam em uma casinha com quatro filhos e a mãe. Eles não tinham um quintal para brincar, então, como era costume no Brasil, sentavam-se lá

---

9   Madre Teresa, "O amor começa em casa" (Discurso de Aceitação do Prêmio Nobel da Paz, Oslo, Noruega, 11 de dezembro de 1979).

fora, na rua, observando as pessoas passarem. As crianças, de cabelo loiro e encaracolado e olhos verdes, eram bonitas e despreocupadas — até um dia fatídico.

Um carro parou na rua com alguns rapazes que eram membros de gangues. O homem do lado do passageiro acenava com uma pistola carregada na mão enquanto falava com o motorista. Enquanto aceleravam pela rua, viraram na esquina onde a pequena família estava sentada ao sol, observando o mundo.

De repente, a arma disparou sem que o atirador notasse. Então ele se virou e investigou a rua, olhando para a pequena família.

— Vai! Vai! — gritou.

Sem qualquer coragem, eles aceleraram e sumiram. A pequena família teve uma mudança terrível de acontecimentos. As suas vidas nunca mais seriam as mesmas. Cada um deles mudaria para sempre.

Para seu horror, a família descobriu que o menininho mais velho, de três anos, tinha uma ferida na cabeça que sangrava muito. Seus olhos estavam sem vida, mas ele ainda estava respirando. Ele foi levado às pressas para o hospital primitivo da cidade, mas depois foi transferido para o hospital maior da cidade grande. Ele viveria, mas seria uma vida diferente daquela que tinha sido imaginada antes do acidente descuidado.

Alguns anos depois, ele e sua irmã mais nova se mudaram para o Lar Feliz. A árvore de apoio da família imediata tinha quebrado e se partido sob o peso do novo normal de todos os dias. Os irmãos foram alocados na Casa da Esperança porque, apesar de o menino ter crescido, ele usava fraldas e não conseguia falar. A irmã mais nova era muito assustada e brava no início. Eles não entendiam por que tinham se mudado, não entendiam por que tantas coisas haviam acontecido com eles, mas entendiam o amor quando o viam e o viviam. A menina ficava mais bonita a cada dia, e ela ria e brincava com os trabalhadores e as outras crianças.

Num desses dias, Veroni veio visitar o Lar Feliz, como fazia com frequência, trazendo presentes úteis, brinquedos e caixas de doces. Quando viu o menino na Casa da Esperança, que estava superlotada, ela criou um espaço de brincar com painéis de madeira onde ele podia se arrastar livremente. Naquela época, no Lar Feliz, havia planos para construir uma casa maior e mais espaçosa para os bebês e as crianças pequenas, mas, até que fosse concluída, faziam o possível para cuidar bem delas. Levavam as crianças para caminhadas e para brincar em alguns balanços nas proximidades. Liam livros, brincavam na areia e faziam as refeições juntos na pequena cozinha lotada. Veroni vinha frequentemente e, enquanto passava um tempo com o menino, ele sorria para ela e aprendeu a dar abraços. Foi nessa época que ela começou a avaliar a possibilidade de adotá-lo, e ela e o marido fizeram exatamente isso. Tudo aconteceu em ano ou mais, e o menino, João, se saiu bem. Ele ficou alto e foi capaz de aprender a andar alguns passos sozinho. Veroni organizava muitas atividades gratificantes para ele, como passeios a cavalo e natação. Ele ria e sorria muitas vezes, abraçando todos que conhecia.

Ele é amado e querido por muitos, e seus anos são cheios de alegria e bondade. Sua irmã mais nova cresceu como uma rosa e foi adotada pela primeira família que veio visitar. Ela se tornou uma princesa, aprendeu a dançar e a estudar na escola. Sua vida mudou totalmente em comparação ao dia fatídico na calçada em frente à casa deles.

CAPÍTULO 16

Uma nova vida

"E o meu espírito regozijou-se em Deus meu Salvador. Pois ele tem considerado a humildade de sua serva; porquanto, eis que daqui em diante todas as gerações me chamarão de abençoada."

Lucas 1:47-48

Maria era uma mulher de baixa estatura, mas compensava isso com sua força física e emocional. Ela trabalhava ao lado do marido em fazendas de flores em Holambra, uma cidade holandesa com terras agrícolas fundada após a Segunda Guerra Mundial. Foi para lá que muitos de seus familiares vieram depois dela, também à procura de um emprego que pagasse um salário decente. Era um trabalho exaustivo, às vezes sob o sol escaldante. Os chapéus de palha que usavam ajudavam um pouco, dando sombra, apesar do suor que vinha da sobrancelha e rolava até o pescoço. Camisas de manga comprida e calças compridas também não ajudavam em nada na ventilação do corpo. Os trabalhadores andavam o dia todo, até que seus pés ficavam dormentes à noite.

Uma mulher, amiga minha, disse que, depois de trabalhar no negócio de flores, estava tão farta de flores que já não conseguia nem olhar para elas. Ela, com certeza, não queria nenhuma como presente. Chocolate, ou qualquer outra coisa, aliás, era um presente bem-vindo, exceto flores!

No clima quente do Brasil, as rosas são cultivadas durante duas estações. São cortadas e vendidas principalmente nas lojas de flores do centro de Holambra, onde turistas de todo o Brasil vão comprá-las depois de terem provado a culinária holandesa nos restaurantes próximos. Os campos de rosas têm muitas cores e fragrâncias. A vermelha, a cor mais comum, é o símbolo e a lembrança do amor apaixonado. Igualmente bonitos, com um aroma doce, são os tons rosa e lilás das rosas, que simbolizam a juventude e a modéstia. As rosas amarelas e laranjas são um espetáculo de grandeza, que simbolizam a realeza, e as rosas brancas simbolizam a lealdade.

Maria tinha uma grande família com o marido, e os amava. Eram bons católicos e educavam os filhos com sabedoria e amor. Os dias de trabalho na fazenda de flores transformaram-se em meses e anos, até que, em um dia triste, o marido de Maria faleceu enquanto trabalhava no campo.

Enquanto Maria removia as luvas pesadas para limpar as lágrimas que rolavam pelo rosto, sua mão apertou uma única rosa que ela carregava. Os espinhos deixaram uma marca e uma gota de sangue. O seu mundo seria para sempre mudado. Talvez, na verdade, a vida dela tivesse acabado. A vida dela, como conhecia, acabaria e, embora ela não pudesse ver a estrada depois da curva, havia um futuro promissor à frente.

Ao longo da estrada de terra, um pouco mais longe em direção a Jaguariúna, havia duas fazendas adjacentes chamadas Lar Feliz. Ela ouviu dizer que eram abrigos para crianças que saíam de situações de alto risco. As crianças vinham com hematomas, alguns visíveis e outros em suas almas. Vinham de origens fragilizadas, e lá tinham um novo começo. Em vez de cultivar flores, Maria, e finalmente parte de sua família, teria o privilégio de "cultivar" crianças com amor e disciplina.

Quando ela veio para a entrevista com o Pastor Paul, falou com uma luz nos olhos sobre o seu amor por crianças e como tinha criado os próprios filhos. Ela tinha uma educação básica, não estudou até a universidade. Ela foi para a escola da experiência, onde teve notas altas. Enquanto o Pastor Paul ouvia, olhou para Maria, de estatura baixa e fala suave, e ofereceu-lhe o cargo que estava disponível na Casa Meninos. Ela seria monitora ou educadora e cuidaria das necessidades dos menininhos, bem como lhes ensinaria muitas coisas. Os meninos vinham de todo o tipo de situações terríveis. Maria preparava o café da manhã para eles com leite achocolatado quente e pão francês com manteiga. Ela os observava e os ouvia. Ela deixava os meninos serem meninos, então eles podiam brincar, andar de bicicleta, gritar e correr. Ela também lhes ensinou a varrer o chão, a guardar os pratos e lavar os copos depois de beberem. Ela os ajudava a resolver brigas, uma tarefa interminável na maioria dos dias. Ela ajudou os meninos ao longo dos anos, sem reclamar uma única vez de uma criança e sem nunca desistir de uma criança.

Ela continuou a trabalhar por dezesseis anos no Lar Feliz.

Um dia, veio uma criança que contou a sua história sem falar palavras. Seu nome era Amos, e a sua primeira impressão sobre a fazenda foi de medo. Ele veio de uma cidade distante chamada Nazaré. O culto estava acontecendo no salão principal quando ele entrou, acompanhado por um adulto. Seus olhos estavam arregalados de terror, mas de sua boca vinham apenas gemidos misturados com lágrimas. Ele se tremeu por inteiro e correu de volta para os dormitórios sozinho. Quando Maria deu um toque em seu ombro, ele olhou, mas não disse uma palavra.

— Eu sei. Eu sei, é difícil — disse Maria, enquanto gentilmente tocava o braço dele. —

Ninguém vai te machucar aqui!

Maria se virou para ver o assistente social próximo, que mais tarde diria à equipe o cenário para o novo menino de oito anos.

Soubemos que Amos foi abusado pelo pai, o que geralmente acontecia no banheiro. Embora Amos parecesse forte e saudável, ele tinha cicatrizes terríveis por dentro por causa dos traumas que sofreu em casa. Ele tinha medos irracionais de qualquer adulto, e nunca falava, nem mesmo uma palavra. Quando um homem entrava na sala, ele normalmente se agachava e chorava sozinho. Se se sentisse ameaçado por qualquer um dos outros meninos, revidava.

Gradualmente, ele se alinhou com o resto dos meninos. Pela primeira vez, pôde celebrar o Natal, recebeu presentes e um bolo de chocolate branco pelo seu aniversário. Brincava com carrinhos pela casa. Aprendeu a colher mangas da árvore e a andar de bicicleta. Pouco a pouco, começou a falar algumas palavras.

— Obrigado — disse Amos um dia, com um pequeno sorriso e a cabeça inclinada para baixo. Ele pegou um pedaço de pão de passas da mão bronzeada de Maria.

— De nada, meu querido! — disse Maria, enquanto endireitava os óculos, seus olhos se enchendo de água.

A fazenda e o trabalho na terra eram sempre geridos por uma pequena equipe de homens. Eram excelentes jardineiros que conheciam todos os segredos das plantas e das árvores. Sabiam quando plantar, quando aparar e quando cortar algo completamente. Uma família de cuidadores chegou: Pastor Celino com a sua esposa, Lurdes, que cultivaram uma fila de flores bonitas na frente de casa. Celino, pastor de uma igrejinha na cidade, era também um homem de oração. Ele cuidava de todos os animais que ainda estavam localizados na fazenda. Ele entendia de cavalos e gostava de levar os pequenos em passeios de carroça em dias claros e ensolarados.

Quando ouvia falar de uma criança nova chegando, trazendo consigo as histórias tristes do seu passado, sacudia a cabeça e clamava pelo Senhor. Seu rosto tinha uma sombra de tristeza, mas ele levava seu coração pesado ao Senhor, e ele e a sua esposa oravam por cada criança. Orava por cada irmão e irmã, para que as adoções fossem tranquilas e para que as pequenas almas fossem curadas. Ele amava cultivar a terra e amava aquelas crianças.

Durante a estação chuvosa, alguns dos meninos do projeto vieram dar uma ajuda extra. A ideia era que os meninos aprendessem o valor de lavrar a terra e, ao mesmo tempo, fossem de grande ajuda ao Pastor Celino. Um dos meninos que veio trabalhar foi o Amos.

De manhã, Amos veio lavrar a terra com o Pastor Celino. No Brasil, é sempre educado cumprimentar uns aos outros com "olá" ou "bom dia"; mas quando Celino disse: "Bom dia" a Amos, ele não respondeu e desviou o olhar rapidamente.

— Está tudo bem? — Celino perguntou, mas Amos não respondeu.

O Pastor Celino e eu esperávamos que o ar calmo e fresco dos campos trouxesse calma para o coração e a mente do menino; por isso, encorajávamos Amos a ir trabalhar sempre que possível.

Com tempo e paciência, o Pastor Celino começou a ganhar a confiança de Amos. Lentamente, eles trocavam pequenas frases aqui e ali, e, em pouco tempo, Amos falava mais com o Pastor Celino do que com qualquer outra pessoa. Ele fazia perguntas sobre os animais na fazenda, notava um nascer do sol particularmente bonito, e o Pastor Celino me contou que ele até pediu uma segunda xícara de leite numa manhã.

Sua recuperação e melhora não foram nada menos que um milagre, e, ao longo dos meses, ele cresceu, brincou e ficou como todos os outros meninos. Ele falava, ria e até gritava. Depois veio o dia triste e feliz, o momento agridoce em que ele se despediria do Lar Feliz. Depois de ter sido feito um estudo cuidadoso da família dele, descobrimos que ele tinha uma irmã mais velha que o amava e que cuidaria dele em casa com sua família. Ele iria para a casa dela em Nazaré passar um feriado.

O Pastor Celino veio desejar a Amos uma estadia maravilhosa com a família e deu-lhe um abraço. Com o rosto voltado para as costas, Amos não conseguiu ver os olhos cheios de lágrimas escondidos atrás do alegre adeus.

— Tchau! — disse Amos enquanto pulava para dentro do carro.

— Até daqui a um mês! — disse ele, abanando a mão alegremente.

As coisas deram certo para o Amos, e ele nunca mais voltou para o Lar Feliz. Embora o Pastor Celino tenha ficado anormalmente triste no dia em que se despediu do Amos, como todos os funcionários, sabíamos em nossos corações que podíamos nos alegrar sabendo que era o melhor. Amos estava melhor agora, estava curado e pronto para estar com uma nova família. Ele teria uma casa, um lugar próprio onde cresceria e seria cuidado por sua irmã amorosa.

Embora tenhamos ficado muito impressionados com o trabalho de Maria na Casa dos Meninos, também ficamos impressionados com a filha dela, Jane, que veio logo depois, durante os anos iniciais do Lar Feliz. Ela trabalhava com a mesma voz silenciosa de autoridade e uma mão amorosa.

Ela amava todas as crianças, desde os bebês doentes que vieram à noite até as adolescentes rebeldes de regatinha e os menininhos brincando de bolinha de gude na areia, na frente da casa. Ao longo dos anos, o Lar Feliz tornou-se como a sua casa; ela trabalhava muitas horas. Os adultos e as crianças gostavam dela da mesma forma. Ela era amável e justa.

Quando perguntei à Jane qual das crianças foi mais marcante, ela disse que foi o pequeno bebê chamado Luke.

Eu era responsável pela Casa da Esperança na época quando, um dia, uma moça grávida, bonita, jovem e de pele escura veio para o Lar Feliz pouco antes do bebê nascer. Trabalhar com adolescentes grávidas, em geral, era muito complicado. Ela andava usando drogas e foi trazida para cuidar da saúde e proteção do bebê. Ela ainda tinha alguns meses de gestação, e eu tentei o meu melhor para conhecê-la um pouco. Fomos sempre encorajados a ajudar as mães adolescentes a cuidar dos próprios bebês. Aprendi com a experiência que não podia ensiná-las, por mais que quisesse, a amar os seus bebês. Havia meninas muito jovens que, apesar de tudo, amavam seus bebês e os levavam para casa. Também havia jovens que entregavam os seus lindos bebês para adoção, para irem para outra família amorosa.

Quando chegou a hora do bebê nascer, Jane levou a moça para o hospital e assistiu ao parto. Um novo menino nasceu, e ele foi chamado de Luke. A mãe e o bebê estavam bem. Quando o bebê chegou ao Lar Feliz, reparamos que ele era loiro. Como era possível que aquele pequeno querubim loiro fosse filho da jovem negra? Era possível, e acontecia mais frequentemente no Brasil, onde o casamento inter-racial não era apenas aceito, mas também celebrado. Ele era lindo.

— Você acha que ele vai ficar mais escuro conforme for crescendo? — perguntou a jovem mãe.

Não sabíamos com certeza.

— Talvez — dissemos, tentando tranquilizá-la.

O bebê virou um menininho lindo, de cabelo preto encaracolado, que emoldurava seu rosto de pele clara. Ele ria quando fazíamos cócegas na barriga e sorria quase o tempo todo. Seu apego a Jane parecia crescer quando ela o trazia para casa, às vezes, no fim de semana, se ele estava doente ou precisava de uma consulta médica especial. Ele era uma pequena alma adorável que não se parecia em nada com a mãe.

A mãe jovem se rebelou de todas as formas. Infelizmente, o instinto materno nunca chegou, e ela não tinha interesse no filho. Uma noite, ela e outra mãe adolescente fugiram, deixando o bebê Luke para trás. Ela nunca voltou. Ela não parecia servir para ser mãe, mesmo quando tentava e, um dia, percebeu que não queria mais o seu bebê. Ela ligou para a assistente social e assinou o formulário de liberação para adoção. Foi melhor. Pareceu que a mãe nem pensou duas vezes. Talvez ela só tenha pensado na liberdade de estar livre da responsabilidade e na liberdade de estar sozinha, sem qualquer cuidado no mundo.

Esta foi uma época difícil para Jane, emocionalmente. Eu sabia do vínculo que ela tinha formado com o bebezinho cuja mãe pensava ser muito loiro. A cada dia que passava, a realidade de que o bebê Luke nos deixaria em breve ficou mais clara. Uma vez adotado, sabíamos que provavelmente nunca mais o veríamos de novo, e esta realidade nos afetou profundamente, especialmente a Jane.

Finalmente, chegou a semana em que um casal de possíveis pais veio para uma visita. Não foi surpresa para ninguém que eles se apaixonaram pelo bebê. Foi "amor à primeira vista". Ele partiria em breve, e começamos a juntar as coisas do bebê. Embora tivesse vindo para o Lar Feliz com apenas uma roupa, sairia de lá mais rico, com uma manta artesanal, alguns pares de sapatos, algumas roupas e pijamas, uns brinquedos e um pacote de fraldas. Estava tudo pronto, e preparamos os nossos corações para dizer adeus. Jane foi chamada para uma reunião na escola.

Quando ela chegou, viu que, na verdade, era para se despedir do bebê. Ela encontrou alguns colegas de trabalho em lágrimas no depósito. Lágrimas felizes misturadas com lágrimas tristes fluíam. Dizer adeus era o dia mais difícil no trabalho na Casa da Esperança. Jane ficou triste ao ver que ele já tinha ido embora. A vida tem uma forma de enganar os nossos corações às vezes, e quem pode entendê-la?

Ela demorou muito tempo para esquecer o bebê. Ela se questionava para onde ele tinha ido e, o mais importante, se estava feliz com a nova mamãe e o novo papai.

Um tempo depois, Jane me disse que um dia, no mercado, ouviu uma voz na cidade onde morava.

— Luke!

Era o nome que tinha sido dado ao menino. Não era um nome muito comum no Brasil.

Quando Jane se virou para ver, descobriu que era ele, segurando a mão de sua mãe. Ele tinha um sorriso nos lábios e uma gargalhada tranquila. Ele havia crescido.

— Eles pareciam felizes — disse ela, com lágrimas frescas correndo pelo rosto. Foi o final perfeito para um dia atarefado em que Deus permitiu que Jane visse que estava tudo bem. Foi um conforto saber que Deus estava tomando conta de tudo.

CAPÍTULO 17

Sentados à mesa

"A mesa é um ponto de encontro, um terreno de reunião, fonte de sustento e nutrição, festividade, segurança e satisfação." [10]

–Laurie Colwin

Na casa berçário, ou Casa da Esperança, uma mesa grande, redonda, de madeira foi feita sob medida para acomodar um grande grupo de crianças com alguns adultos.

As cadeiras de madeira foram feitas um pouco mais altas para uma criança pequena poder alcançar a mesa para comer.

Nesta grande mesa redonda, muitas coisas extraordinárias aconteciam diariamente. Era feita uma oração antes do almoço ao meio-dia. Cantavam canções e brincavam com jogos. Também acontecia o "knutselen", que é a palavra holandesa para brincar ou fazer artes e artesanato. A mesa grande se tornou um lugar quase sagrado, onde muitas memórias foram criadas.

Quando as crianças pequenas chegavam ao Lar Feliz, estavam se recuperando de um trauma extremo e, muito provavelmente, tinham dificuldades com falta de apetite, dificuldade para dormir à noite e faziam xixi na cama. Todos os dias, uma refeição caseira saudável e deliciosa era servida para as crianças do Lar Feliz. Antes de vir para o lar, muitas crianças estavam

---

10   Laurie Colwin, *Home Cooking: A Writer in the Kitchen* (New York: Vintage, 2010).

desnutridas. Às vezes, sobreviviam apenas de pacotes de salgadinhos e porções escassas de macarrão ou arroz. Por essa razão, era da maior importância fazer da hora da refeição uma hora feliz. Não é possível, ou recomendável, forçar uma criança a comer quando ela não quer.

No café da manhã, elas comiam pães frescos com leite morno. Todas as outras refeições eram o arroz e feijão brasileiro, alguma carne e uma salada pequena ou mistura de legumes e verduras.

Fazer arroz e feijão do jeito certo precisava de muita prática, mas, depois de aprender, o sabor e a combinação brasileira de arroz e feijão são saudáveis e inesquecíveis.

Muitos momentos adoráveis aconteceram ao redor da mesa no Lar Feliz. Havia reuniões de mulheres no Dia Internacional da Mulher, em que cada mulher era incentivada em seu trabalho com as crianças no projeto.

Com a maior parte da equipe composta por mulheres, eu dizia frequentemente: "Sem Deus, o Lar Feliz não existiria; mas, sem mulheres, o Lar Feliz também não existiria!" As mulheres riam e olhavam humildemente para baixo, embora soubessem que era verdade.

Paul dizia: "Mas vocês não vão receber aumento!" Todas riam muito. Paul conseguia fazer todo tipo de piada sem perder a autoridade como chefe.

Nas mesas longas da sala de jantar, havia festas de Natal com direito a Papai Noel e presentes para as crianças. Havia também festas de aniversário para crianças e adultos. Lá, fazíamos reuniões, sessões de treinamento e servíamos comida para muitas equipes vindas de outros países, como Canadá, Estados Unidos, Holanda e até África do Sul. Havia momentos de culto juntos, com música fluída, em estilo jazz, que preenchia a propriedade.

Muitas pessoas vieram e se foram ao longo dos anos. Vieram pessoas que pareciam que seriam amigas para sempre, mas, depois de voltarem para casa, raramente ouvimos falar delas novamente. Paul e eu acolhemos inúmeras pessoas, e fomos enriquecidos e abençoados pela maior parte;

mas também fomos abençoados pelos brasileiros que ficaram, em vez de voltar para casa.

Não era incomum ter visitantes ao longo do dia. Às vezes, durante os feriados, traziam chocolates ou brinquedos embrulhados de presente. Em um dia de sol na Casa da Esperança, enquanto eu e os monitores estávamos sentados e almoçando, uma menina e um menino altos, que pareciam ser irmão e irmã, entraram bruscamente — meio correndo, meio andando — na área de brincar, fora da nossa casa, e parecia que eles sabiam o caminho. Eles entraram na casa e se aproximaram da mesa. Estavam vestidos com as melhores roupas de marca, e a sua pele escura reluzia saúde e beleza. Ambos eram altos para a idade, e seus cabelo estavam estilizados com o corte de cabelo mais recente.

— Oi, Tia Jill! — disseram educadamente. Eles se lembravam de mim, mas, a princípio, eu não me lembrava de onde os conhecia. Eles estenderam as mãos, e os seus belos sorrisos revelaram dentes brancos, brilhantes e perfeitos.

— Patrícia e Rafael! — disse eu com entusiasmo.

Os monitores explodiram de rir, assim como as duas crianças. Em seguida, houve sorrisos e abraços. Eles estavam bem! Estavam mais do que bem, estavam fabulosos! Um novo lar tinha feito milagres em suas vidas. A nova mamãe os amava bem. Eles estavam renovados, e mal os reconhecemos. Lembrei-me de quando conheci a mãe deles — uma viciada em drogas que decidiu colocá-los para adoção. Também me lembrei de como o primeiro casal que veio conhecer os irmãos rapidamente recusou a adoção sem nem ao menos conhece-los. Oramos em equipe pelos pais certos, e Deus respondeu. O brilho deles me ajudou a ver os frutos de todas as nossas orações e trabalho árduo, e foi delicioso.

Enquanto Patrícia morava no Lar Feliz, uma das monitoras tinha entrançado seu cabelo afro com uma extensão. A pequena passava horas sentada no colo da monitora até que o seu penteado entrançado, longo, estivesse completo. Agora, ela usava um cabelo curto e liso que estava na moda.

— Sim, Tia, é a gente! — disseram juntos. — Podemos brincar no parque onde a gente brincava?

— Claro que podem! Vocês querem comer conosco? — perguntei.

— Não, obrigado, não estamos com fome. Só queremos brincar no escorregador onde a gente brincava e ver onde a gente morava.

Eles correram pela cozinha até o parquinho, que era uma sala de brincar ao ar livre para os bebês e as crianças pequenas, completa com bicicletas, balanços, um pequeno jardim, caixa de areia e uma casinha de madeira com escorregador. Brincaram até que o lugar de que sentiram falta satisfez os seus corações, e então a sua bela mamãe lhes disse que era hora de voltar para casa.

A adoção das crianças pequenas da Casa da Esperança foi, inevitavelmente, um final muito feliz. Elas puderam ter um lar amoroso, na maioria das vezes com dois pais, bem como avós, tios, tias e primos, que fazem uma criança se sentir completa, não mais abandonada ou órfã. Casais de todas as esferas da vida vieram de corações abertos e ávidos para adotar crianças no Brasil, um país que ama suas crianças.

— É hora da história! — falei. As crianças pequenas se reuniram à minha volta na mesa. Havia dez no total, com dois gêmeos, ouvindo com entusiasmo.

— Era uma vez uma casa cheia de príncipes e princesas.

— Princesas? — exclamou uma menininha de olhos castanhos e doces.

— Sim, todos moravam juntos em uma casinha. Eles brincavam na grama e tinham arroz e feijão para comer, e sopas maravilhosas durante o inverno. Eles aprenderam muitas coisas: como se comportar, como ser educados e como guardar seus brinquedos à noite. Mais importante ainda, aprenderam a amar e a ser gentis.

— Aprenderam a respeitar! — uma das outras monitoras entrou na história, dando este conselho.

— Então, um dia, uma mamãe e um papai bem bonitos vieram levá-los para a sua nova casa. Eles tinham uma cama nova para eles, com roupas novas, e teriam algumas memórias novas. E esse é o fim desta história maravilhosa, e é uma história real!

As crianças olharam com rostos satisfeitos ao perceberem que faziam parte desta história tão maravilhosa. Deram as mãos e fizeram uma oração antes de comer o almoço, que era arroz, feijão, salada e carne. Elas sorriram sonhando com o amanhã.

Quando começamos a vida no Brasil, precisei de algumas tentativas para aprender a fazer arroz e feijão, que é a parte mais importante da dieta brasileira. Tive que aprender a usar uma panela de pressão. Queimei o fundo de algumas panelas e tive que aguentar arroz branco, seco e sem gosto até finalmente aprender os segredos das mulheres brasileiras. Tudo começa com óleo, alho e um pouco de cebola. As medições são flexíveis, apenas lembre-se de usar duas partes de água para uma parte de arroz. Os brasileiros não funcionam bem sem arroz e feijão. Eles se queixam de se sentirem doentes e fracos. Depois de mudar para a dieta brasileira, nunca mais tive problemas com anemia, que foi algo que tive por muitos anos. Arroz e feijão com carne e salada é uma dieta que eu recomendaria a qualquer pessoa.

CAPÍTULO 18
Irmão e irmã perdidos

"E todo o que der de beber ainda que seja um copo de água fria a um destes pequeninos apenas em nome de um discípulo, em verdade eu vos digo que de modo algum perderá a sua recompensa."

Mateus 10:42

Um irmão e uma irmã, Davy e Mary, chegaram ao Lar Feliz nas primeiras horas da manhã. Os seus sorrisos doces derreteram os corações de todas as mulheres da equipe da Casa da Esperança. Vieram trazendo apenas a roupa do corpo, com fome e sede de amor. Naquela noite, Paul me contou a história de Davy e Mary, que pareciam uma versão moderna de João e Maria perdidos na floresta.

O irmão e a irmã eram amados por uma mãe que estava sozinha. Um dia, ela conheceu um homem que não queria ter nada a ver com os filhos do relacionamento anterior. Ela tinha que escolher! Podia aceitar as condições do seu novo namorado e ficar com ele, mas sem os filhos; ou podia manter os filhos e nunca mais ver o namorado. Ela deu banho neles e os vestiu muito bem, os pegou pela mão e decidiu levá-los ao departamento de proteção infantil, para que o assistente social encontrasse um novo lar para eles, como se fossem filhotes de cachorro perdidos.

O assistente social rejeitou o caso, por isso a mãe solitária pegou os filhos pela mão e os levou para fora. Ela ainda não tinha certeza do que fazer, quando, de repente, teve uma ideia! Ela tomou sua decisão. O irmão e a irmã foram deixados nas ruas de uma cidade vizinha para se defenderem. Foram dias, que viraram semanas, sem nenhuma comida. A mãe, friamente, virou as costas para o choro deles, para começar o novo romance com o homem de seus sonhos. Ela seria cuidada e receberia afeto e roupas novas em troca da terrível negligência de seus dois filhos pequenos, que vagaram sem rumo pela cidade, sozinhos. Foram retirados das ruas pelo conselho tutelar, que os levou ao Lar Feliz depois de alguns telefonemas e papelada.

Eles eram naturalmente bonitos, de cabelos encaracolados loiro e castanho-claro. Davy tinha olhos verdes e parecia um anjo querubim, e por isso foi apelidado de "Anjo" pelas mulheres que trabalhavam na casa das crianças. Não demorou muito, no entanto, até que ele se comportasse mal, atirando brinquedos e brigando com os outros, tanto que as mulheres lá consideraram dar a ele um novo apelido!

Davy e Mary estavam tendo problemas com xixi na cama, e não conseguiam comer ou dormir. Quando Mary se sentava para comer, dava uma ou duas garfadas e depois não conseguia comer mais. Nenhuma quantidade de súplicas ou de bajulação por parte da equipe a ajudava a comer mais.

— Coma os tomates, e você terá bochechas rosadas! — disse a monitora diurna. — Arroz e feijão vão te fazer ficar forte como a Tia Selma!

— Coma um pouco de carne, e o seu cabelo vai ficar encaracolado! — as mulheres diziam às crianças, uma após a outra. Mas não adiantava. Mary se recusava a comer e só olhava para o seu prato. Tudo foi tentado, incluindo colocar pequenas porções no prato. Mary comia um pouco, mas nunca o suficiente.

Davy constantemente molhava as calças e a cama, e também não sabia brincar de modo adequado com as outras crianças.

— Brinque juntos! — exclamou a professora, ao ver Davy agarrar a bola verde nova e correr com ela. Uma briga entre os meninos estava quase sempre prestes a explodir.

— Joguem a bola um para o outro — disse a monitora. — Vejam! É como bater bola!

Dois dos monitores jogaram a bola de um para o outro entre si, para que as crianças entendessem a ideia. Demorou algum tempo, mas finalmente aprenderam.

Eu tinha uma agenda que incluía caminhadas na natureza, jogos, pintura e massa de modelar; e essas diferentes atividades pareciam ajudar a acalmar as crianças, para que, com o tempo, elas se curassem e pudessem funcionar em um nível normal.

Era uma alegria e, por vezes, um desafio encontrar e descobrir atividades que acalmassem e relaxassem uma criança do estresse, bem como ajudá-la a se divertir e brincar — uma das atividades mais importantes da infância. Enquanto caminhava pelas trilhas do bosque, beirando o lago, a respiração silenciosa da criança assentava-se em um ritmo contente. Enquanto observavam os animais e os pássaros, a raiva e a agitação derretiam em meio à natureza. Pintar e brincar com massa de modelar também tinha um efeito terapêutico.

Muitas vezes, levávamos as crianças por uma trilha na área do bosque, onde íamos até a fazenda que tinha alguns animais. As crianças adoravam ajudar a alimentar as galinhas, e havia até passeios a cavalo organizados, nos quais podiam andar a cavalo ou em uma carroça junto comigo. As brigas e a tensão se dissiparam quando viram um beija-flor chegar perto da água onde andavam. Foi um momento mágico, caminhando juntos pela terra espaçosa nas fazendas adjacentes.

O ar fresco do bosque nos envolvia enquanto reparávamos nas pequenas obras-primas da natureza. As crianças e eu frequentemente colhíamos flores silvestres pelo caminho, para fazer buquês para as mulheres que trabalhavam na casa. Borboletas pastel brilhavam às vezes, junto com uma morfo azul, que roubava o espetáculo com sua cor matizada, cintilando à luz do sol. Todos os olhos e as atenções estavam nela. As mãos das crianças pequenas tentavam alcançá-la e trazê-la para casa com vida. Há uma fábula que diz que aquelas borboletas azuis trazem boa sorte e fortuna.

— Se uma pousar em você, espere que um novo começo aconteça em sua vida — um brasileiro me disse.

Eu estava segurando Davy nos braços enquanto voltávamos para casa. Ele apontou para um lugar em um campo aberto e disse:

— Olha lá a minha mãe! Ela tá lá! Você tá vendo ela?

Ele apontava freneticamente para o campo aberto, tentando me fazer ver o que ele via. Muitas vezes, quando ele falava comigo, era apenas alguma bobagem, mas, desta vez, estava claro, embora eu não entendesse o que ele queria dizer.

— Não, ela não está lá! — eu disse, balançando a cabeça.

Quando olhei atentamente para o campo, não vi ninguém.

Uma semana depois, um assistente social chegou com uma notícia chocante.

— Temos uma notícia muito importante! A mãe de Davy e Mary morreu de repente!

— O que você quer dizer? — perguntou o psicólogo.

— Ela foi assassinada com uma faca no coração! — disse o assistente social.

— Vocês só podem estar brincando! — disse o Pastor Paul, desacreditado.

— A polícia acredita que o namorado que morava com ela a esfaqueou no peito com uma faca. Eles vasculharam a cidade toda, mas não conseguiram localizá-lo. Parece que ele fugiu.

— Agora as crianças podem ir para adoção! — Elas estão livres para ter uma vida nova e melhor — afirmou diretamente o Pastor Paul.

Um casal viria em breve para conhecê-los. Apesar da dificuldade do início, os potenciais pais ganhariam o coração do irmão e da irmã. Era uma situação sensível que o casal assumiria. Se mostrassem afeição muito rapidamente, poderiam assustar o irmão e a irmã. A melhor maneira de começar o vínculo era de forma lenta e contínua. Foi um processo conduzido com total respeito aos sentimentos e desejos das crianças e dos futuros pais. Qualquer uma das partes poderia parar o processo a qualquer momento.

O primeiro encontro foi como esperado. As crianças ficaram um pouco tímidas no início, mas sentiram o amor que estava ali.

Quando voltei ao trabalho depois de alguns dias de folga, fui com pressa ao refeitório para ver Davy nos braços fortes de seu novo pai — um homem grande e robusto, com uma gargalhada contagiante. No rosto de Davy, vi um sorriso contente, e sua irmã Mary estava por perto, com sua mãe nova e vivaz. Tudo deu certo, e uma nova família nasceu.

— Você quer um abraço de despedida? — perguntei timidamente.

Davy balançou a cabeça. Talvez um aperto de mão fosse melhor no final. As crianças receberam um novo pai e uma nova mãe naquele dia. Elas esqueceriam tudo sobre o Lar Feliz, os trabalhadores e sobre mim. Eles não teriam memória do tempo conosco, mas estariam para sempre marcados em nossos corações. E, se fizemos o nosso trabalho direito, elas saberiam que, no fundo, são amadas.

CAPÍTULO 19

Amor verdadeiro

"Sofre todas as coisas; crê em todas as coisas, espera em todas as coisas, suporta todas as coisas. A caridade nunca falha."

1 Coríntios 13:7-8a

Blog da família van Opstal e do Lar Feliz:

30 de agosto de 2011

"As árvores do amor"

No projeto, temos várias árvores grandes que são cheias de amoras. Amoreira é o nome brasileiro para estas árvores altas e graciosas. Amora é uma palavra muito semelhante à palavra em português Amor. Em quase qualquer hora do dia, podemos ver todas as crianças de todas as idades, bem como adultos, colhendo essas frutas das árvores.

Sempre que uma criança some, normalmente podemos encontrá-la colhendo amoras, o máximo que puder comer. Os bebês e crianças pequenas vão até as árvores em certos momentos do dia apenas para voltar com as mãos roxas e cobertas da cabeça aos pés de suco roxo.

Assim como as amoras nas árvores, as crianças do Lar Feliz estão à procura de amor. Muitas vezes, sabem exatamente onde encontrá-lo, quem tem, e quem não tem. Elas sabem imediatamente quando alguém diz que as ama, mas são falsos. A maioria das crianças foram decepcionadas tantas vezes que são cuidadosas. Uma vez que encontraram a pessoa que realmente as ama, elas continuam a voltar para ele ou ela de novo e de novo.

Sentei-me na sala de estar da casa berçário, ou Casa da Esperança, como foi chamada. Havia uma vaga aberta para uma nova monitora, e eu precisava entrevistar algumas mulheres. Enquanto falavam sobre sua formação e experiência de trabalho, eu costumava ir ao cerne da questão e fazia a pergunta mais importante de todas:— Você ama crianças? Quero dizer, realmente ama crianças, não apenas gosta o suficiente para conseguir um emprego — disse eu com uma certa clareza.

Uma jovem atraente deu um sorriso confiante enquanto olhava para as suas longas unhas pintadas de cobre e descruzava e cruzava as pernas.

— Claro, eu amo crianças — afirmou. — Elas são exatamente o que esse mundo precisa!

Eu a analisei e considerei. A mulher era jovem e atraente, e parecia ser uma frequentadora regular da igreja.

— Você começa amanhã à noite! Lembre-se: com todas as crianças, você terá dias bons e dias ruins. Se você realmente as ama, esse amor vai sustentá-la durante os dias ruins. Porém, espero que haja muitos dias bons — disse eu, ao sair pela porta e ir para casa.

Na manhã seguinte, quando cheguei à Casa da Esperança, ouvi dizer que algumas das crianças não gostaram da nova monitora, mas não diziam muito.

— Essa monitora nova é feia! — disse o menininho, balançando a cabeça.

O que isso queria dizer? — pensei.

A nova monitora era agradável e gentil com as outras mulheres, mas as crianças pareciam fugir dela. Talvez só precisassem se acostumar com ela. A mulher limpava a cozinha completamente e sempre tinha as palavras certas a dizer.

Numa manhã, para minha consternação, cheguei ao trabalho e achei marcas de arranhão no braço de uma menininha.

Amanda, a menina, era meio teimosa e nunca queria ir para a cama à noite. As marcas vermelhas deixadas no braço eram claramente feitas por alguém de unhas compridas, agarrando firmemente os braços.

— O que aconteceu? — questionei a nova funcionária.

Eu estava perturbada e achei difícil de acreditar.

— Eu perdi a paciência porque ela não me escutava — disse ela lentamente em meio a lágrimas. Acho que este não era o trabalho certo para mim. Eu não tenho paciência suficiente.

Ela foi embora naquele dia para nunca mais voltar.

Blog do Lar Feliz

26 de agosto de 2012

Chegada de uma nova família

Há duas semanas, recebemos um pedido de ajuda de uma cidade distante. A três horas de distância, havia uma família com cinco filhos que, depois de ter sido retirada de casa, estava sofrendo negligência e falta de bons cuidados na instituição onde foram alocados devido à superlotação do abrigo anterior das crianças. Uma visita dos assistentes sociais da cidade nos deu a impressão de que o nosso trabalho era desesperadamente necessário para ajudar mesmo as crianças de cidades distantes. Disseram que os nossos abrigos eram de "primeiro mundo", o que é um enorme elogio vindo das autoridades brasileiras.

As cinco crianças chegaram; três ficariam na Casa da Esperança, e duas irmãs gêmeas ficariam na Casa Meninas. As idades eram de um, três, cinco e oito anos. A bebê teve o seu primeiro aniversário na data em que chegaram ao Lar Feliz. É uma bebê feliz, sorridente e doce. Os dois meninos tinham nomes difíceis que até os brasileiros tinham dificuldade em pronunciar. Repeti os seus nomes cinco vezes calmamente para mim, uma prática que faço para me ajudar a lembrar de todos os nomes das crianças que chegam.

O menino de cinco anos viu todos os brinquedos e ficou brincando o dia todo, andando de bicicleta e brincando com carrinhos hot wheels. Ele parecia feliz e não era nada difícil de lidar. O outro menininho, de três anos, apresentou um problema que todos notamos imediatamente. Quando falávamos com ele, ele não respondia. Quando alguém fazia uma pergunta, ele não respondia com perguntas ou palavras. Ele também tinha pequenas feridas no interior das orelhas. Pensamos se era um problema emocional ou físico.

Então, uma das nossas trabalhadoras marcou uma consulta para ele com um especialista que ela conhecia, e ela o levou lá em seu tempo livre. Mais tarde descobrimos que, no passado, ele teve uma infecção que o deixou parcialmente surdo de um ouvido. No segundo ou terceiro dia em que fui trabalhar, ele levantou os braços para que eu o pegasse, e quando o fiz, ele me deu um grande sorriso. À medida que está se habituando à Casa da Esperança, ele faz mais sons, como "vrum" quando está brincando com carrinhos, e agora chora quando está chateado. Fiquei até surpresa ao ouvir dos trabalhadores que ele disse calmamente o meu nome quando cheguei.

O menino de cinco anos está sempre ao meu lado, querendo colorir e participar de qualquer das atividades artísticas que fazemos na Casa da Esperança. Ele agora está sempre sorrindo, e me pede para orar mais por ele. Ele está muito animado para começar na escola. Descobrimos também que uma das irmãs gêmeas tem o coração fraco, o que pode ser perigoso se não for tratado. Elas estão muito felizes em passar na Casa da Esperança para ver os irmãos. São situações assim que me ajudam a continuar, mesmo quando confrontada com desafios e oposição. É para as crianças que o Lar Feliz existe "porque Deus ama as crianças" [nosso lema em nosso logótipo].

Uma van Volkswagen que seguia por um caminho longo, subindo e descendo as estradas de terra do campo, trouxe um casal choroso para a Casa da Esperança. Tinham se recuperado do vício em drogas e vieram visitar sua família de cinco crianças pequenas. A reabilitação foi uma estrada difícil, mas cada momento doloroso valeria a pena se eles pudessem recuperar os filhos. O homem era alto e bonito, de cabelo escuro penteado e costeletas. A mulher era uma loirinha de rosto angelical. Pareciam arrependidos do que tinham feito e oravam para que tivessem outra oportunidade de ser uma família outra vez.

Ao saírem da van, o assistente social do Lar Feliz ofereceu-lhes uma pequena xícara de café. Sentiram mais do que humilhação quando entraram na sala de jantar para visitar os cinco filhos que foram reunidos. Foram recebidos com sorrisos e risos por toda a parte, e receberam abraços alegres e cheios de lágrimas. Eles seguravam nas mãos alguns presentes simples embrulhados em papel vermelho brilhante. A mulher abriu uma bolsa que tinha refrigerante e um bolo de chocolate simples, que tinha sido feito recentemente e embrulhado em papel alumínio. As crianças riam com alegria, e o filho que não falava muito fez uma dancinha enquanto abriam os brinquedos simples e os sapatos novos que foram comprados. Porque as crianças ficavam tão felizes, sempre gostei que os pais viessem, e era lindo ver as mudanças a cada vez.

Eles voltariam na semana seguinte, e depois na próxima, até que, após alguns meses de boas visitas, o juiz ouviria o caso deles para recuperar a família.

Nada seria como antes, mas, com a ajuda de Deus, seria ainda melhor.

Depois de examinar o progresso deles na procura de trabalho e na cura do vício em drogas, o juiz decidiu que eles tinham permissão de levar os filhos para casa.

Também foi realizada uma inspeção na casa, que revelou uma casa simples com espaço suficiente para o amor e o cuidado de uma família em crescimento. Foi um dia feliz, mas triste, quando a equipe e eu nos despedimos das crianças a quem tínhamos nos apegado. Quando dois adultos conseguiam mudar a sua situação pelos filhos, era um dia feliz para se lembrar! Eles ficariam todos juntos novamente.

Para mim, foi maravilhoso ouvir a reação das crianças.

— É sério, mamãe? A gente vai pra casa? — perguntou a irmã mais velha, mal acreditando em seus ouvidos.

— Sim, a gente vai, meu amor! Vamos pegar suas coisas!

Eles entraram no quarto das meninas, onde encontraram pilhas de camisetas cor-de-rosa e amarelas, shorts combinando e jeans. Cada uma das gêmeas também trouxe quatro ou cinco pares de sapatos.

Na Casa da Esperança, havia sacolas de plástico enormes com roupas, o suficiente para as três crianças mais novas. As monitoras saíram com grandes sorrisos a brilhar em meio às lágrimas, porque deram o melhor para as crianças levarem para casa. Também tinham uma bicicleta que deram para o menininho andar, e havia um caminhão de madeira e algumas bonecas, também.

A mãe nos disse como era grata por tudo o que fizemos, e o pai acenou com a cabeça concordando.

— Vamos para casa, pequenos! — disse o pai enquanto pegava o segundo filho, cujo rosto brilhava de entusiasmo.

Eles recolheram seus pertences e pegaram a estrada sobre o morro até o escritório, onde o assistente social explicaria tudo aos pais sobre quaisquer medicamentos ou problemas de saúde que precisavam saber. Foi entregue uma carta com seus hábitos, gostos e desgostos, algo escrito que tornaria a estrada para casa um pouco mais suave. Informações preciosas que transmitimos como a passagem da tocha para garantir que o cuidado de qualidade continuaria nos próximos anos.

Quando fizeram o retorno para sair com a van Volkswagen, o filho menor acenou a mão com vontade e disse em voz alta: — Tchau, Lar Feliz!

CAPÍTULO 20
Vida de cachorro

"O lobo e o cordeiro se alimentarão juntos. . ."

Isaías 65:25

Quando nossa família passou por outra lojinha de ferragens, segurei o fôlego e fiquei em silêncio, perguntando se Paul tinha notado enquanto caminhávamos. Sim, Paul tinha visto a loja, e nós quatro entramos nela naquela tarde úmida.

Na frente da loja, havia aquários com todo o tipo de peixes coloridos. O cheiro forte de comida de animais tirou o fôlego enquanto continuávamos a caminhar pelo corredor que tinha utensílios de cozinha de ferro fundido, botas de trabalho de couro, recipientes plásticos de água, pás e panos de prato. Por fim, caminhamos até à parte de trás da loja e vimos uma variedade de animais à venda. Havia algo para todos aqui!

— Oh, que fofo! — Isa disse enquanto contorcia sua mãozinha na gaiola para acariciar um coelho preto e branco.

— Posso ter um, papai?

— Hmm, vou pensar. Não! — Paul disse logo antes que Isa se apegasse demais. — Você sabe como é a bagunça de gaiola de coelho? Está disposta a limpá-la? Bem, eu não estou!

Continuamos no fundo da loja, onde ouvimos um galo cantando alto. As gaiolas, diagonalmente em frente às galinhas e pássaros, tinham uma infinidade de periquitos coloridos à venda.

— Que tal um ou dois pássaros? — Paul sugeriu.

— Não, obrigado, mas acho que quero esse cachorrinho! — disse Jeremy, apontando na direção de um poodle de tamanho médio.

Paul cedeu, e nós acomodamos o novo filhote no banco de trás do carro quente para irmos para casa. Demos o nome de Bruiser (Brutamontes, em português), e ele se encaixou bem com nossos outros três cachorros e um papagaio de gargalhada estranha.

Certamente não era incomum que nossa família encontrasse animais abandonados para trazer para casa. Acontecia regularmente. Se nossa casa ficava muito cheia ou completamente caótica por causa dos nossos amados animais de estimação, doávamos uma criatura para um lar digno. Ter animais era uma forma de todos espairecerem e relaxarem. Fazia com que nossa casa fosse um lugar interessante e divertido para estar.

Algumas coisas felizes e outras tristes aconteceram em nossa casa com todos os animais. Também era verdade que os animais de estimação normalmente se davam bem, até um dia desastroso em que adotamos uma bela pastora alemã chamada Chivas.

Muitos roubos estavam acontecendo na pequena cidade de Holambra. Soubemos de pessoas que tiveram suas casas invadidas. Até o posto de gasolina no centro da cidade foi vitimado. Ficamos com medo e nos sentindo vulneráveis ao pensar que talvez nossa casa fosse a próxima na lista a ser roubada! Isa e Jeremy tinham muitos dos brinquedos americanos que ainda eram muito caros no Brasil. Decidimos arranjar um cão vigia treinado para que protegesse a nossa casa. Chivas foi treinada para atacar intrusos e não era uma cachorra de família nem dócil. Ela ficava em seu espaço cercado durante o dia, e a ideia era que ela fosse solta à noite para proteger nossa casa de intrusos indesejados.

Quando algum conhecido chegava para uma visita, tínhamos que gritar do portão: "Amigo!", ou nossos amigos seriam atacados e despedaçados pela Chivas (que recebeu o nome de uma cerveja popular no Brasil). Às vezes, eu me perguntava se os treinadores tinham bebido um pouco demais dessa cerveja enquanto a treinaram.

— Estamos em casa! — Jeremy gritou quando entramos pelo portão que levava para dentro de nossa casa.

A cadela de guarda, Chivas, estava quieta no quintal da frente. O portão foi fechado, mas não fechou e trancou completamente. Janke, a nossa pequena pincher miniatura, ou "minpin", para abreviar, tinha uma personalidade feroz e serelepe dentro de um corpinho. Ela latia e rosnava de forma ameaçadora, mesmo sendo pequena. Sempre dormia com as crianças e as vigiava. Ela era preciosa para eles.

— Janke, Janke! — chamei. Era um dia ensolarado, e Janke saltitou para a frente da varanda para tomar sol.

Naquele momento horrível, Chivas saiu do cercado, indo direto para a pequena Janke deitada ao sol.

— Não! Não! — gritei.

Parecia um pesadelo. Chivas mordeu o corpinho de Janke no meio com suas mandíbulas e começou a sacudi-la como se fosse uma boneca de pano.

— Eu disse que não! — gritei novamente e, sem pensar, agarrei a Janke e a tirei da boca da Chivas. Janke ainda estava viva, mas sangrando muito, e sua respiração oscilava em pequenos intervalos. Era tarde demais para salvá-la?

Paul voltou do projeto e encontrou Jeremy e eu chorando, segurando a nossa cadelinha pela última vez. Ele rapidamente colocou Chivas de volta no cercado, e sem hesitar, levou o Jeremy com a Janke em seus braços até o Renato, o veterinário da família.

Quando chegaram, Renato, com os olhos cheios de dúvidas, olhou para a mesa enquanto a vida de Janke começava a se esvair. Não havia nada que pudesse ser feito. Cirurgia não resolveria as lesões internas, e ela teria que ser sacrificada. Isa foi chamada da casa da amiga, onde estavam fazendo um projeto da escola, para dizer adeus por telefone.

Janke morreu como uma heroína. Ela era uma cadelinha serelepe que enfrentou um cachorro gigante para proteger sua família. Quando tudo foi dito e feito, a família van Opstal fez uma votação para decidir se devíamos manter a Chivas, mesmo depois do que aconteceu. A votação foi de três contra um, sendo o voto único de Paul. As crianças e eu votamos contra mantê-la. No dia seguinte, Chivas foi levada e voltou para o seu treinador. Nem sequer nos despedimos.

Uma vez que Chivas se foi, levou algum tempo para esquecermos todas as imagens em nossas mentes, imagens da Janke enfrentando um cachorro malvado e cruel que tinha dez vezes o seu tamanho. Ela deu a vida pela família. Seria o último cão de guarda malvado que teríamos.

Quanto aos outros cachorros, tivemos muitos, juntamente com gatos, pássaros, hamsters, coelhos e uma rata chamada Zelda. Eles deram à nossa família muitas memórias felizes, trazendo alegria e riso para a nossa casa.

Depois de visitar o nosso tio Bud um dia, em Wooster, Ohio, nossa família se apaixonou pelo seu Golden Retriever chamado Charlie. Depois de um dos nossos boxers ter falecido, decidimos que a família adotaria um Golden de quatro meses, a quem orgulhosamente chamamos de Charlie. Ele era uma alma gentil e antiga, mesmo quando ainda era filhote. Era bem-comportado e adorava carinho no pescoço. Amava crianças e adultos.

Ele foi a alma da festa de aniversário do Jeremy. Os meninos pequenos foram convidados para uma festa do pijama em nossa casa. No escritório, os meninos tinham computadores e jogaram seus jogos à noite. Só o Charlie foi convidado para a sala com eles, onde tinham um banquete de mini pizzas e bolo de aniversário.

— Ei, Charlie, quer bolo de aniversário e refrigerante? — perguntou um dos meninos.

— Ele gosta! — disseram os meninos, acenando com a cabeça. As portas estavam fechadas, por isso Paul e eu não vimos o que estava acontecendo.

Paul e eu estávamos vendo um filme no sofá quando, de repente, gemidos e gritos irromperam atrás da porta fechada do escritório.

— Ah, não! O Charlie vomitou! Que nojo! — gritaram.

— Vou lá limpar — disse Paul.

Um por um, os meninos saíram da sala como se tivessem participado de um filme de terror. Não era a primeira bagunça que o Paul limpava, e não seria a última! Charlie era a alma da festa, um favorito entre crianças e adultos, onde quer que fosse.

Também tivemos outro boxer, um malhado chamado Duke. Ele era um filhote genioso, que desenterrava todas as minhas rosas. Se eu plantasse uma roseira e começasse a florescer, no dia seguinte sumia, pois Duke comia a flor perfumada em uma dentada. Provavelmente porque adorava o cheiro doce. Ele se metia em muitos problemas, mas também era bastante cômico. Um dia, quando levamos as crianças do Lar Feliz para o zoológico, Jeremy ficou em casa para vigiar Duke e a casa. Charlie era como um irmão mais velho para o Duke, que adorava choramingar, brincar e "cantar" na melodia de uma gaita.

Quando Paul e eu chegamos em casa do zoológico, após uma viagem de um dia inteiro, ficamos surpresos ao ver o nosso quintal e encontrar todos os tipos diferentes de alimentos. Havia pacotes de macarrão que tinham sido abertos e espalhados pela grama, alguns pacotes abertos de café que emanavam uma fragrância rica, e uma ou duas caixas de leite que tinham sido mastigadas, abertas e derramadas no concreto quente.

Que raios está acontecendo?

Entramos em casa e encontramos o Jeremy com fones de ouvido, jogando no computador e alheio a tudo o que tinha acontecido naquele dia.

— Jeremy! — Paul gritou. — O que está acontecendo? Você devia estar vigiando os cachorros!

Charlie piscou e abanou o rabo como se fosse inocente.

— Vamos lá, pessoal! Vamos limpar a bagunça — disse eu.

— Como é que eu vou tirar esse macarrão do gramado? — Jeremy perguntou.

— Por que não tenta um ancinho? — Paul sugeriu. E funcionou!

Duke envelheceu e fez a família van Opstal sorrir mais algumas vezes, até que, de repente, ficou doente de câncer e faleceu. Foi preciso um tempo para esquecermos a dor de perder um animal de estimação. Afinal, eles eram da família! Normalmente, quando comprávamos um novo cachorro, conseguíamos esquecer a dor da perda. Parecia ser a única coisa que funcionava.

Havia também cachorros no lar das crianças, que eram grandes cães de guarda e boas companhias. Tessa e Agape eram dois bons pastores alemães que foram treinados para buscar pedrinhas que eram lançadas para fora do campo, em vez de uma bola.

— Bem, eu nunca tinha visto cachorros brincando de buscar pedras antes! — disse Mãe Baughman, a minha mãe, quando veio visitar a nossa família no Brasil.

— Não temos brinquedos para cachorros aqui na fazenda, e usamos o que temos!

— É difícil encontrar um cão de guarda melhor e mais atento! Tessa e Agape são cachorros especiais.

Os animais eram um forte elemento da vida para nós, morando em um país estrangeiro. Faziam parte da nossa família, dando proteção e nos abençoando com memórias especiais.

CAPÍTULO 21
Brincadeira de criança é divina

"Quando uma criança brinca, ela nutre a sua alma."[11]

— Vera Alves

Doylestown, Ohio
1978

O sol brilhava com uma leve brisa soprando o salgueiro que choramingava. As cordas longas e duras estavam amarradas em nó a um galho que caía abaixo dos outros e ficava adjacente à casa. Lynnie e eu nos revezávamos balançando alto no balanço caseiro da fazenda de nossos avós. Caminhávamos por campos de botões-de-ouro selvagens até o velho celeiro, onde chegamos a um ninho de gatinhos na palha. A mamãe gata era preta com manchas laranja e olhos verdes selvagens. Ela era uma gata selvagem. Uma e outra vez, ela escondeu o seu lindo grupo de gatinhos em um canto diferente do celeiro.

Lynnie e eu os encontrávamos cuidadosamente nas tardes de domingo. Segurávamos os gatinhos à medida que cresciam, domando-os enquanto

---

11   Vera Alves, "A importância do brincar" (curso de aperfeiçoamento, Lar Feliz, Jaguariúna, Brasil, 2011).

olhávamos em seus olhinhos. Fora do grupo, havia um macho que era completamente laranja, com listras como um tigre.

— A mamãe e o papai me disseram que eu podia ter um! Acho que vou pegar este. Ele não é lindo? — Sussurrei à minha prima Lynn.

— Ele é sim — disse Lynn.

Depois de mais algumas semanas, o trouxemos para casa.

— Qual seria um bom nome? — perguntei.

— Que tal Catfish? (Peixe-gato ou bagre, em português) perguntou o meu irmão, Jason. Ele tinha acabado de ir pescar com o papai e estava fascinado por isso.

— Vai ser Catfish! — disse eu, com um aceno de cabeça.

Para mim e para os outros netos, parecia que todas as dádivas celestiais vinham da fazenda dos nossos avós. Ao lado da casa havia cerca de seis arbustos de lilás que cresceram juntos, formando um grande ramo, e que cheiravam deliciosamente no verão, quando as janelas eram deixadas abertas. Brincávamos lá fora o tempo todo, descobrindo videiras e caminhos que nos levavam através da natureza. O cheiro de grama e milho crescendo se misturavam ao vento enquanto passávamos, descalços na grama macia. Era o gosto da liberdade que todas as crianças amam e precisam para crescer de forma saudável. Meu irmão Jason e eu tivemos muitos desses dias sem preocupações na infância, até que um dia acabou quando o nosso pai, Pete, morreu. De repente, crescemos rapidamente. Isso deixou uma marca e uma memória em mim, e se tornou uma forma de cura enquanto eu cuidava das crianças do Lar Feliz, na fazenda que tínhamos em Jaguariúna, no Brasil.

Eu estava em uma sessão de treinamento sobre cuidados com crianças com alguns dos outros trabalhadores. O material tinha os métodos mais recentes usados para ajudar no desenvolvimento infantil. Foi uma agradável surpresa perceber que havia uma forte ênfase na brincadeira das crianças.

No Brasil, aprendemos a importância de nos conectarmos à nossa criança interior. Simplificando, havia uma memória feliz dentro de cada um de nós, de quando éramos crianças. Essa atividade era algo que frequentemente podíamos transmitir às crianças do lar. Tive memórias felizes de ver animais na fazenda dos meus avós e pude transmitir isso às crianças com quem trabalhei. A simplicidade do brincar era uma chave que usávamos para ajudar os pequenos a superar seus traumas e a crescer. "Brincadeira" envolvia muitas coisas na liderança da Casa da Esperança. A ideia era manter as suas mãos ocupadas enquanto conversavam e passavam tempo juntos. Na Casa da Esperança, isso era feito regularmente, pelo menos algumas vezes por semana. As pinturas eram criadas e penduradas para todos verem. Os cartões de Natal eram feitos na época e vendidos ou entregues a amigos. Memórias afetuosas de tempos agradáveis foram gravadas em nossos corações e mentes. Naqueles momentos ao redor da mesa, ficou claro para mim que muitas das crianças eram inteligentes e tinham talento artístico. Algumas queriam aprender inglês e fizeram isso de forma rápida e perfeita.

"Brincadeira" era fazer bolos imaginários. Era soprar bolhas e até rir e pular na chuva. "Brincadeira" era fazer longas caminhadas, visitar animais nas fazendas vizinhas e alimentar as galinhas. Era contar as borboletas numa fonte próxima e atirar pedrinhas em um lago. Um dia, quando dois meninos não paravam de brigar, um piquenique foi preparado e levado para uma caminhada no bosque atrás da sala de refeições. Lá, um caminho desgastado levou as trabalhadoras e as crianças a algumas belas paisagens. A briga entre as crianças terminou abruptamente, e elas se deixaram levar gentilmente pela mão para ver as árvores gigantes, plantas e jardins bonitos, de tirar o fôlego, cheios de criaturas de Deus.

Aprender a tocar instrumentos musicais é algo que sempre incentivamos no Lar Feliz. A sala de música, cheia de diversão, continha muitos instrumentos de percussão e violões, fazendo com que todas as crianças, de olhos arregalados, que entravam criassem música como passatempo. Todos esses momentos espontâneos foram incluídos no que chamamos de "brincadeira", o que ajudava a criar uma criança criativa, inteligente, completa e feliz.

Na Casa da Esperança, os objetos mais cobiçados das crianças eram os balanços. Em determinado momento, havia balanços pendurados de uma extremidade da varanda até a outra. Os pequenos balançavam alegremente a tarde toda, desde que as trabalhadoras tivessem força para empurrá-los.

Um dia, Claire, uma voluntária da Irlanda, trouxe um kit para fazer pipas, completo, com instruções complicadas, papel colorido, palitos de espeto feitos de bambu, e um pouco de corda e fita. Um grupo de meninos observava enquanto ela tentava o seu melhor para explicar em um português meia-boca. Um menino, com a cabeça inclinada para o lado, pegou um pouco de papel e alguns palitos e começou a dobrar o papel num triângulo e depois num quadrado. Outro menino desapareceu na cozinha e voltou com uma tesourinha e um saco de lixo preto, que ele começou a enrolar e cortar em tiras longas e finas. Outro dos meninos veio do seu quarto com uma lata de café vazia, enrolada com metros de barbante e um palito amarrado ao fim.

Claire veio ensinar-lhes algo que eles já sabiam. Um dos passatempos preferidos no Brasil é fazer e soltar pipas. Dirigindo pelas favelas num dia arejado e ensolarado, podemos ver várias pipas coloridas voando alto, com uma cauda longa feita de sacos de lixo cortados e pendurados embaixo. À medida que as cabeças das crianças se viram para cima, olhando para o céu, elas veem um futuro brilhante navegando ao vento. Elas veem uma fuga de um passado sem esperança e acreditam na alegria novamente. Enquanto a pipa voa como as asas de uma borboleta, elas são transformadas e acreditam em um renascimento, de um amanhã mais brilhante. Todas sabem como fazer as suas pipas e também sabem como soltá-las.

Dinho era um músico profissional que trabalhou no Lar Feliz como professor de música e também ensinou o valor de as crianças aprenderem a tocar música. Muitas vezes, quando eu vinha para o trabalho, a música de adoração preenchia a fazenda. Ele formou bandas com um guitarrista, um baterista, um tecladista e um vocalista. Havia muitos músicos habilidosos no Lar Feliz entre as crianças, e gravaram música, o que acabou sendo um arraso.

Ele também amava ir à Casa da Esperança e fazer uma apresentação simples para os pequenos com a sua mala cheia de marionetes. Ele os mandava sentar na frente enquanto segurava as marionetes, olhando por uma janelinha. Ele mesmo fazia todas as vozes e era hilário. As crianças ficaram encantadas: assistindo, rindo e até cantando junto no meio da tarde. Quando todos estavam com calor e cansados, o Dinho vinha, e era pura alegria e diversão. Todas as vezes que as crianças o viam a caminho do morro até a casa delas, gritavam de contentamento, pulando e batendo palmas até que ele abrisse aquela mala cheia de marionetes, pequenos instrumentos de percussão e toda a diversão que vinha com música e crianças.

CAPÍTULO 22
Andando na mata assombrada

"Não temas tu, porque eu estou contigo. Não estejas aterrorizado, porque eu sou teu Deus. Eu te fortalecerei. Sim, eu te ajudarei. Sim, eu te susterei com a mão direita da minha justiça."

Isaías 41:10

Para dirigir de Holambra até o Lar Feliz, tínhamos que pegar uma estrada de terra pela mata. Durante a estação de chuvas, ficava muito difícil passar. Uma caminhonete grande, com tração nas quatro rodas, poderia facilmente atravessar, mas o carro normal escorregava, deslizava ou ficava preso. Era quase como dirigir no gelo e na neve em Ohio. Quando dirigia por esta estrada no meio do dia, com minha música tocando e a brisa vindo pelas janelas, muitas vezes via uma borboleta azul muito grande, a Morfo, voando pela rua até a mata.

De um lado da estrada para a mata, havia uma casa minúscula e primitiva, sem janela ou porta, mas faltava uma parede na frente, então era possível ver lá dentro. A casinha não tinha mobília nenhuma, apenas um punhado de pequenas estátuas, alguns pedaços estranhos de porcelana e alguns buquês de flores que foram colocados no chão, dentro e ao redor da abertura.

Estátuas pequenas de Maria e mais algumas dos santos, que muitas igrejas consideram ídolos, foram colocadas no chão. Mais tarde, ouvi de alguém na cidade que a casa era uma espécie de templo onde as pessoas vinham para fazer bruxaria ou adoração a ídolos.

— Sabe, as pessoas que moram em Holambra acreditam que aquela rua é assombrada! — disse a cabeleireira, enquanto cortava o meu cabelo um dia. Ela sabia muito sobre a história e as notícias da cidade.

— Não diga! — eu disse, com um olhar de surpresa.

Ainda naquela semana, quando dirigi para casa do trabalho, vi algumas pessoas andando. Eram de verdade ou apenas fantasmas? Eu ri alto, e era quase ridículo fazer uma pergunta assim.

Mais tarde naquele ano, alguns voluntários chegaram ao mesmo tempo de dois lugares muito diferentes: Travis, do Canadá, e uma família da Holanda. Travis e Andrew tinham reparado na casinha e ficaram pensando para que era usada. Um dia, eles até andaram por lá e notaram um cheiro podre forte. Havia um animal morto colocado para descansar ali, ou teria sido um sacrifício animal? Eu só podia imaginar o que tinha acontecido naquele lugar na mata.

Conversaram entre si até levarem a questão ao Paul. Havia alguma coisa que pudesse ser feita sobre a casa? Eles pensaram que talvez fosse seu dever, como cristãos, destruí-la.

— Não, está em uma propriedade privada, e vocês podem ter muitos problemas! — disse Paul.

— Vocês não querem que nenhuma dessas pessoas que mexem com feitiçaria venham atrás de vocês quando perceberem que vocês destruíram o templo delas! — eu disse, com um arrepio correndo espinha abaixo ao pensar nisso.

— Essas matas não são seguras à noite. Houve alguns ladrões e bandidos se escondendo por lá — disse Paul.

Era verdade que, apesar de ser uma propriedade privada, a mata não tinha cercas na época; portanto, era o esconderijo perfeito para tráfico de drogas ou ladrões. Depois de o terem feito, podiam se esconder e ninguém jamais os encontraria.

— Ridículo — disse Travis. — Não tenho medo de uma casinha qualquer numa estrada de terra!

Muitas vezes, à noite no Lar Feliz, havia atividades ao longo da semana, como estudos bíblicos e canto em um culto de adoração. Travis tinha todo o tipo de ideias divertidas que normalmente aconteciam depois do jantar e antes da hora de dormir. Travis não tinha carro, mas ia e voltava de bicicleta do projeto para a cidade onde alugou uma casa. Ele decidiu andar de bicicleta pela mata assombrada porque economizava muito tempo.

Travis ouviu todos os conselhos, mas ele não tinha medo, então jogou toda a cautela ao vento e usou a estrada de terra que ia por aquela mata. "Deus não nos deu o espírito de medo, mas de poder, de amor e de uma mente sã."[12] Ele se lembrou da Palavra e não comprou todas aquelas histórias assustadoras sobre as coisas que acontecem na mata assombrada.

Durante as primeiras semanas, ele pedalou pela mata sombria e sinistra. Não havia lâmpadas pela estrada para guiá-lo, apenas a luz fina da bicicleta que o guiava pela escuridão. Ele teve que admitir: era muito escuro.

Ele continuou pedalando para casa depois de anoitecer, até que, uma noite, algo aconteceu que quase o matou de susto. Ele nos contou que havia dois faróis grandes e brilhantes de um veículo que se aproximava dele enquanto pedalava. Foi na direção dele! O veículo não parou, mas continuou a se aproximar cada vez mais.Mesmo tendo certeza de que não acreditava em fantasmas, ele ainda ficou aterrorizado quando as luzes se aproximaram até ficar a apenas um metro de distância de seu rosto, antes de o veículo parar.

Então ele ficou desgostoso com as risadas que ouviu.

— Ha ha ha ha! Ha ha ha! Pegamos você, Travis!

O holandês e o filho estavam no carro, rindo de Travis.

---

12   2 Timóteo 1:7

Travis, que era um pastor ordenado da juventude e normalmente não era violento, deu uma olhada para o amigo e deu um soco no rosto dele antes de chegar no acostamento; depois pegou a bicicleta de volta e pedalou para casa.

O holandês, que tinha cerca de duas vezes o tamanho de Travis, sentou-se por um minuto, perplexo.

O voluntário holandês ainda viu humor na situação, apesar de ter ido para casa com uma marca vermelha no rosto. Na manhã seguinte, quando Travis veio pedir desculpas, foi humilde. Eles apertaram as mãos, e todos nós tivemos que rir um pouco, imaginando como Travis acertou o voluntário holandês alto.

Eu muitas vezes peguei aquela estrada de terra durante o dia, através da mata bonita. Podia ser uma estrada acidentada, mas ainda era útil, e não havia razão para ter medo.

Em 2019, na estrada de terra que ligava Holambra e Jaguariúna, dois homens apertaram as mãos em acordo. Eram representantes das duas cidades. A estrada de terra que passava pela mata assombrada fazia parte de ambas as cidades. Depois de muitos anos de discussão, era uma possibilidade que a estrada de terra, uma estrada bem usada que levava a uma grande rodovia, fosse finalmente asfaltada.

No Lar Feliz, chegou o dia que todos os trabalhadores e vizinhos estavam esperando. Haveria uma estrada melhor para usar para ir e voltar do trabalho. Tudo aconteceu por causa de um novo condomínio que estava sendo construído. Os proprietários das novas casas caras teriam que usar essa estrada de terra para chegar em casa, e isso significaria estragar os seus carros. Finalmente, progresso!

CAPÍTULO 23
Uma canção cantada na selva

"Sabendo disto, que a prova da vossa fé opera a paciência."

Tiago 1:3

Amsterdã
1995

Terry Williams era um evangelista em Amsterdã que trabalhou com Paul e eu para os STEM —Short Term Evangelistic Ministries (Ministérios Evangélicos de Curto Prazo). Enquanto nós três nos preparávamos para uma pregação evangélica em parceria com uma igreja de uma cidade próxima, Terry cantou em voz alta com alegria. Nada podia diminuir o seu humor.

Quando entramos no carro para sair, percebemos que o equipamento de som não ligou imediatamente.

— Tudo bem, amigos! — disse ele, indo à loja da esquina para pegar mais baterias. Naquele momento, a fita cassete de música começou a desenrolar.

— Bem, por acaso tenho outra cópia dessa música — disse ele, quando foi até a sua mesa para pegar a fita cassete.

Finalmente, entramos no carro para sair, e começou a trovejar e cair a chuva de primavera. O carro gaguejava e não dava partida.

— Terry, tem certeza de que devemos fazer esta pregação? — perguntei. Eu estava pronta para desistir e ir para casa.

— Continuem orando! — Terry disse quando o carro finalmente ligou.

— Esta pregação vai ser uma bênção! — gritou entre os versos da canção que estava cantando.

Enquanto dirigíamos, o sol saiu, secando toda a chuva. Chegamos à praça a tempo, onde alguns holandeses, ansiosos para começar, nos cumprimentaram. Paul e Terry montaram a área de evangelização e, finalmente, Terry pegou o microfone.

Terry saltitava para trás e para frente como um tigre, retratando como a sua vida costumava ser e como era agora com Jesus.

— Jesus! Há alguém aqui que queira conhecer Jesus? Agora, sei que, no minuto em que falo o nome de Jesus, muitos de vocês gostariam de ir embora.

Alguns da multidão inclinaram a cabeça e se afastaram, mas havia algumas pessoas que pretendiam ouvir o que Terry tinha a dizer.

— Eu encorajo o resto de vocês a ficar! Sabiam que um piercing mudou a minha vida?

Terry continuou a falar sobre como Jesus o tinha feito um novo homem e como o velho morreu porque Terry tinha sido um verdadeiro canalha nos seus anos de juventude.

— Eu costumava ser violento — disse Terry. Agora, ele raramente aguentava um filme brega sem derramar algumas lágrimas.

— Jesus pode mudar a sua vida! Quem de vocês gostaria de recebê-lo como Senhor hoje?

Na multidão, muitos levantaram as mãos. Grupos foram formados para orar por aqueles que queriam ter uma nova vida em Jesus.

Acabou por ser uma noite abençoada, uma daquelas de que sempre me lembrarei. Imaginem se tivéssemos desistido e ficado em casa! Que oportunidade teríamos perdido, não só para nós, mas também para as pessoas que se tornaram seguidores de Jesus naquele dia. Teria sido um desânimo para aquela igreja local, que estava esperando. Terry era um guerreiro velho e experiente, e ele sabia o que estaria pela frente se continuasse tentando.

Ronaldo começou a tocar violão para o grupo de meninos que estavam sentados e de pé ao longo da grande mesa de concreto. Ele era professor de música no Lar Feliz e também trabalhou como monitor. Ele era ótimo com crianças e sabia ensinar música. Henrique, nosso filho brasileiro, aprendeu excelentes habilidades de tocar violão com o Ronaldo. Eu peguei minha flauta para tocar junto. Estava reaprendendo a tocar, trabalhando na qualidade do tom e tocando de ouvido, o que significava tocar sem partitura. Ronaldo era originalmente do Rio. Ele era muito paciente e me encorajou a tocar junto. Tinha um estilo e uma voz maravilhosos de ouvir.

O Ronaldo começou um coro sobre chuva.

Enquanto tocávamos a canção e começávamos a louvar juntos, alguns homens que não conhecíamos chegaram de aventais brancos, luvas e revestimentos plásticos na cabeça. Continuamos a cantar e não paramos, apesar de os homens olharem tudo no Lar Feliz, debaixo das mesas e nos cantos.

Foi então que percebemos que estávamos sendo investigados pela vigilância sanitária! Estavam fazendo uma inspeção surpresa. Se o Lar Feliz não passasse, teria que ser fechado. Investigaram os quartos e as camas antes de irem para a cozinha principal. Durante todo o tempo, Paul mostrou o caminho, respondendo a perguntas e apontando todos os cantos do Lar Feliz. Não era incomum que Paul fosse insultado e desrespeitado pelos funcionários do governo, mas ele preferia não reagir de forma alguma. Ele sempre era educado e respondia a qualquer pergunta que surgia sobre as crianças, os trabalhadores ou o lar.

Ronaldo e eu continuamos a tocar música com as crianças num espírito de louvor, apesar de ser inquietante ter essa visita surpresa. O Lar Feliz passou na inspeção, mas havia algumas recomendações que já estávamos no processo de verificar.

Às vezes, era muito tentador simplesmente desistir sempre que uma tempestade surgia, mas Deus tinha dito em Sua Palavra para ficar de pé, apenas ficar de pé. Era geralmente depois que uma tempestade terrível passava que uma grande bênção vinha: pessoas eram salvas, crianças eram atendidas ou uma oração era respondida. Tudo o que tínhamos que fazer era nos manter de pé e confiar em Deus que tudo ficaria bem, e no final, ficava.

Um dia, Ronaldo estava cantando uma música folclórica em português para as crianças pequenas que pulavam com rostos sorridentes. Inclinei-me mais perto para ouvir melhor. Era sobre uma canoa que tinha tombado. Com cada verso, o nome de uma criança era inserido na canção, e o resto cantava junto a bela melodia sobre o mar.

Era uma antiga canção famosa no Brasil que ouvi novamente enquanto tocava música para as crianças na Casa da Esperança. A melodia era linda, algo que você queria cantar junto enquanto batia o pé. Na verdade, as crianças do Lar Feliz pareciam estar em uma canoa que virou, com o trauma que sofreram em suas casas disfuncionais. Todos nós precisávamos ser peixinhos e bons nadadores para chegar ao fundo daquele oceano, para resgatar cada criança que estava se afogando no mar de suas dificuldades. Para resgatar a criança do fundo do mar, era preciso paciência, perseverança, criatividade e fé.

Dinho, que era um músico talentoso, formou uma pequena banda com as crianças do projeto. A banda foi convidada para tocar em locais diferentes; e aonde quer que fossem, espalhavam alegria. Eu até fui convidada para participar da banda e tocar minha flauta. Uma vez, tocamos numa fábrica de embalagem de frango durante o turno da noite. Os frigoríficos de frango no Brasil eram notórios por terem um mau cheiro que flutuava por toda a cidade. Era um trabalho bem remunerado, mas não era o melhor lugar para trabalhar. A banda praticou muito, e tocamos as famosas músicas folclóricas brasileiras, que não eram fáceis de tocar, bem como hinos bem conhecidos.

Finalmente, chegou a noite da apresentação. Enquanto nos preparávamos para tocar, chegaram todos os tipos de homens e mulheres com uniformes brancos que cobriam o pescoço e a cabeça. Eles mantiveram as luvas e máscaras.

— Você não me disse que iríamos tocar na terra dos Teletubbies! — sussurrei para o Dinho.

Ele inclinou a cabeça para trás e explodiu em risadas. Continuou rindo tanto que mal conseguiu fazer seu discurso de boas-vindas. Depois, no caminho para casa, ele não parava de repetir: "Teletubbies!" Ele gargalhava alto a noite toda, falava um pouco, depois balançava a cabeça e começava a rir de novo.

Os homens e mulheres que trabalhavam na fábrica de embalagens de frango ficaram muito gratos pelo grupo musical que veio do lar de crianças para cantar suas músicas favoritas. Numa fábrica malcheirosa, onde todos estavam vestidos do mesmo jeito, foi uma festa com acordes de música encantadora se espalhando pelos corredores.

CAPÍTULO 24
A longa espera

"Mas tu, ó Senhor, és um Deus cheio de compaixão, e gracioso, longânimo, e abundante em misericórdia e verdade."

Salmo 86:15

Foi um caminho longo e sinuoso para casa.

A adolescente jogou o cabelo e deu um sorriso.

— Nós vamos ficar aqui só por seis meses! — ela me disse, referindo-se ao seu irmãozinho e à sua irmãzinha.

Era uma nova família que foi recebida pelo Lar Feliz. Tinham uma mãe e um pai que os amavam, mas a mãe era viciada em drogas. Ela só precisava terminar o período em uma clínica de reabilitação para trazer os filhos para casa. Parecia que seria um final fácil para um momento difícil, mas acabou por ser tudo menos fácil.

A irmã mais velha era muito leal aos pais. Ela os perdoou e acreditava em tudo o que eles diziam. O desejo dos pais de trazer os filhos para casa era forte. Passaram-se seis meses, e finalmente a família de cinco pessoas pôde desfrutar de visitas juntos na sala de estar do Lar Feliz, onde duas das crianças menores estavam hospedadas.

Tinha sido difícil deixar os filhos em um abrigo. Eram de uma igreja rigorosa e não gostaram de tudo o que viram. Eles tinham uma visão estreita da maneira correta de fazer as coisas, e os monitores do Lar Feliz não se encaixaram na sua forma de cuidar. Desenvolveram uma atitude negativa em relação aos trabalhadores e à equipe técnica. O casal infeliz encontrou maneiras de frustrar os trabalhadores e a equipe com suas queixas e mentiras. Eles até roubaram sapatos novos dos armários de roupas que esperavam vender na cidade para lucrar. Apareciam sem avisar e sem a nossa permissão para eventos escolares e atividades das crianças, que depois ficavam cada vez mais angustiadas. O mais novo dos três chorava por qualquer coisa.

À medida que os pais reclamões ficavam mais infelizes e descontentes com a situação deles, as crianças também ficavam muito tristes, e uma crise estava prestes a explodir, que mudaria a família para nunca mais ser a mesma.

Quando os pais reclamões já não tinham mais de onde tirar críticas sobre a equipe do Lar Feliz, começaram a criticar um ao outro. Brigavam e começavam a apontar os defeitos um do outro. O pai culpou e puniu a mãe, e ela fez o mesmo com ele, até que finalmente decidiram se separar. A mãe, que estava sozinha, sem ninguém para ajudar, voltou para as drogas. Ela agora precisaria passar outro período em uma casa de reabilitação. Como resultado, eles perderiam para sempre a oportunidade de criar os próprios filhos.

Durante o tempo em que os pais reclamões levavam para resolver o seu próprio lixo pessoal, a família de três crianças continuava a crescer. O mais velho dos irmãos era agora adolescente. As três crianças tinham as suas próprias necessidades que não podiam esperar ou ser deixadas de lado enquanto os pais se consertavam. Teriam de ser colocados para adoção para que tivessem a melhor vida possível. Elas teriam os seus próprios pertences e camas. Teriam a sua própria casa, onde cresceriam e um dia voltariam para visitar. Teriam grandes festas de aniversário com seus novos pais, que lhes ensinariam muitas coisas. Elas ririam juntos. Encontrariam o verdadeiro amor e renasceriam no coração de um casal. Finalmente seriam adotadas.

Quando chegou o dia de o casal adotivo conhecer os três irmãos, o sorriso caloroso e os abraços da bela mulher derreteram o coração das crianças e facilmente quebraram quaisquer barreiras. O mais novo dos irmãos rastejou até o colo do novo pai. Eles reuniram os pertences que tinham no Lar Feliz e viajaram felizes e voluntariamente, muitos quilômetros para chegar ao seu novo eterno lar.

CAPÍTULO 25
De dentro para fora

"As coisas nem sempre são o que parecem."[13]

— Fedro

Um piquenique foi planejado para um feriado, e as crianças da Casa da Esperança estavam carregadas de cobertores, um kit de churrasco, alguns bons cortes de carne, alguns limões e saladas. Um pacote de temperos também foi colocado na bolsa de piquenique, com tudo o necessário para um passeio maravilhoso. Todos da Casa da Esperança vieram, incluindo uma família de três irmãos. Eles estavam todos bem-comportados porque estavam vivendo os melhores dias de suas vidas, e foi um dia e um piquenique maravilhosos. Todas as crianças comeram arroz com carne, feijão e salada de batata. Beberam suco de limão praticamente o dia todo. Tudo correu bem, e eles voltaram para casa para descansar, tomar banho e ir para a cama.

Na manhã seguinte, chegou o novo turno de monitoras e, enquanto vestiam as crianças, uma das monitoras olhou para as pernas e braços de um dos menininhos que tinha ido ao piquenique.

— O que aconteceu aqui? — ela perguntou, segurando a mão na boca, olhando para os braços e pernas do menino. O que poderia ter dado errado em um piquenique tão maravilhoso?

---

13   Phaedrus, *The Fables of Phaedrus* , trans. P.F. Widdows (Austin - University of Texas Press, February 1, 1992).

Os pais chegaram cedo para visitar os seus três meninos.

— O que aconteceu aqui? — perguntou o pai. Com a mão, ele apontou para os braços e pernas do menino. A cor se aprofundou no que parecia ser um hematoma muito feio.

— Eu realmente não sei o que aconteceu, mas não parece estar causando incômodo — disse a monitora diurna. Ela passou um dedo pela perna ferida para ver se a criança reagia de algum modo. Nada tinha sido mencionado no livro de comunicação. O menininho estava feliz como sempre e continuou a comer tudo o que estava na mesa. Havia refrigerante, salgadinhos de queijo e bolachas. Ele sorriu e estalou os lábios, lambendo os dedos enquanto comia.

A equipe técnica tinha sido informada, e a monitora que planejou o piquenique foi levada ao escritório para ser questionada.

— Garanto que não houve briga ou brincadeiras agressivas no piquenique. Todos se sentaram, comeram e se divertiram muito.

— Alguma loção ou protetor solar foi usado nas crianças? — perguntou a assistente social da equipe, quando uma ideia começou a materializar-se em sua mente sobre o que poderia ter acontecido.

— Talvez só um pouco de suco de limão que eu tinha nas mãos — respondeu ela.

Pensaram que talvez o menino tivesse tido uma reação ao suco de limão que caiu na pele, e ele foi levado ao médico para alguns exames.

Depois de uma bateria agonizante de exames, o médico deu o diagnóstico. O que parecia um caso de abuso ou espancamento acabou por ser uma alergia a colorífico de alimentos! O que piorou a questão foi que, no Brasil, o colorífico alimentar era colocado em muitos alimentos e condimentos. Encontra-se na maioria dos refrigerantes, no ketchup, na mostarda e até no chocolate!

Era época da Páscoa. Grupos vieram e se foram, e trouxeram com eles ovos de Páscoa. Cada criança do Lar Feliz acumulou pelo menos três ovos grandes de chocolate antes do fim da época da Páscoa.

O menininho foi encontrado sozinho, fazendo bico, enquanto os outros comiam chocolate, mas as monitoras fizeram um ninho em volta dele, feito águias, não deixando nenhuma comida com um toque sequer de corante chegar a seus lábios. Enquanto as outras crianças podiam tomar iogurte de morango, ele só podia tomar um copo de leite. Quando o strogonoff de frango era servido com um toque de ketchup, ele teria que comer apenas carne e arroz. Até mesmo a família que vinha visitar tinha que ter cuidado com os lanches que podiam trazer.

Então, um dia, todas as manchas roxas em sua pele tinham desaparecido completamente, e ele melhorou. Ele também estava um pouco mais magro, e sua barriga ficou murcha. Ele estava o mais saudável que já tinha sido. O que parecia ser hematoma no exterior foi uma reação ao que estava acontecendo no interior do corpo do menininho, uma alergia a corante alimentar.

Poucas semanas depois, os três filhos voltaram para a casa dos pais, que haviam se livrado de qualquer coisa que os impedisse de cuidar bem da família. A casa foi verificada para descobrir se estava pronta para os três meninos voltarem, e eles voltaram. Os pais ficaram tão felizes, e as três crianças também ficaram igualmente felizes!

CAPÍTULO 26

Lar não é um lugar

"Lar não é de onde você é, é onde você pertence. Alguns de nós viajamos pelo mundo inteiro para encontrá-lo. Outros, o encontram em uma pessoa."[14]

— Beu Taplin

Aeroporto de Guarulhos
2015

— Lamento que não haja nenhuma maneira de fazer a sua conexão a tempo. Gostaria de alterar as passagens para US$ 600 cada?

Incapaz de contatar Paul por telefone, olhei para o Jeremy, que estava viajando comigo para Ohio.

— Seiscentos dólares é muito dinheiro, filho. O que acha que devemos fazer?

Jeremy acenou com a cabeça como se estivesse lendo a minha mente, e eu respondi à atendente no balcão:

— Bem, senhora, certamente vamos tentar!

Minhas mãos tremiam ao fazer o check-in. Paul tinha acidentalmente comprado errado as nossas passagens, nos fazendo aterrissar em Nova York,

---

14   Beau Taplin, *Buried Light* (Beau Taplin, 2016).

com voo de conexão para Cleveland, Ohio, partindo do aeroporto de Newark. Jeremy e eu tínhamos exatamente uma hora para levar nossa bagagem, passar pela alfândega e pegar um ônibus para Newark para embarcar no voo que nos levaria a Ohio. Parecia impossível, mas íamos tentar.

Isa já tinha se mudado para Ohio para começar a vida adulta. Ela começou a trabalhar em uma cafeteria e fez alguns cursos em uma faculdade comunitária. Meu coração, que morava em dois lugares diferentes, estava feliz por ela estar indo tão bem. Ela continuou a prosperar e a fazer bem tudo em que colocava a mão. Sua única experiência de trabalho no Brasil foi trabalhar ao meu lado na Casa da Esperança, no Lar Feliz, cuidando das crianças pequenas.

Através do seu trabalho no Lar Feliz, ela teve uma compreensão mais profunda do motivo de nos mudarmos para o Brasil para começo de conversa. Ela viu um menino se transformar de um traquinas zangado, de punho fechado, em uma criança doce como pudim, que a fez chorar quando ela se despediu. Enquanto Jeremy e eu viajávamos para vê-la, me dei conta de que, em apenas alguns anos, o Jeremy também se mudaria para lá.

Quando o avião decolou, nos esticamos e escolhemos filmes para assistir, sem pensar na aterrissagem. Aprendi a desfrutar de longos voos para o exterior, para ler um livro e passar um tempo em silêncio, o qual ansiava em nossa casa movimentada no Brasil. Paul não foi nesta viagem, mas ficou em casa com o nosso filho adolescente brasileiro, Henrique, para manter a ordem.

— Desculpe, podemos cortar caminho? Temos um voo de conexão para pegar — eu disse à família plantada bem na minha frente.

— Dá licença — eu disse em português.

Para nossa surpresa, a fila pareceu abrir ao meio, como a separação do Mar Vermelho, e nós atravessamos. Uma vez fora do avião, começamos a correr para a alfândega. Como a maioria dos visitantes naquela manhã eram brasileiros e não cidadãos americanos, esperamos pouco tempo na fila. Agarrando nossas malas, rapidamente fizemos o nosso caminho para a saída em tempo recorde e tentamos encontrar o nosso ônibus para Newark.

— Moça, é melhor você ir logo! O seu avião vai decolar em apenas quarenta minutos! — disse a atendente que verificou nossas passagens. — Pegue um desses táxis e vá!

Jeremy e eu não hesitamos em entrar no táxi mais próximo. O motorista era amigável e tinha um pouco de sotaque.

— Sim, senhora, eu levo vocês até lá! Não se preocupem com nada! — garantiu ele.

Não estava nem um pouco acostumada com Nova York e estava um pouco nervosa.

Enquanto Jeremy e eu olhávamos pelas janelas para a cidade que estava apenas acordando, pudemos finalmente relaxar. Talvez fôssemos conseguir, afinal. O taxista experiente deslizava de uma faixa para a outra, mostrando pontos de referência para nós enquanto dirigia.

— Esta aqui é a Ponte do Brooklyn. Agora estamos quase lá.

Eu me atrapalhei com o meu cartão do banco e, mais tarde, descobri que acidentalmente paguei duas vezes. Valeu a pena. Os freios chiaram em uma parada bem em frente ao balcão de check-in.

— Jeremy van Opstal? Jill van Opstal? Vocês estão viajando para Cleveland, Ohio, hoje?

— Sim! — Jeremy disse, enquanto manobrava nossas duas malas grandes sozinho.

— Parabéns! Vocês chegaram a tempo do voo. O atendente estava prestes a fechar a porta.

— Obrigada, Senhor — eu disse. Tínhamos conseguido o que era impossível. Depois de chegarmos a Ohio, meus irmãos perguntaram como foi o voo.

— É uma longa história! — respondi.

— Estamos contentes que você tenha chegado em casa — disse a minha mãe.

Em poucos anos, Jeremy teria outra escala em Nova York no caminho de Amsterdã para Ohio. Eu me preocupava e não me sentia pronta para deixá-lo ir, mas ele estava bem. Ele estava em uma nova aventura e começaria a vida nos EUA, onde receberia bênçãos sobre bênçãos ao trabalhar arduamente em qualquer trabalho que pudesse encontrar.

Foi difícil para o Paul e para mim ver os nossos filhos se mudarem para tão longe. Quando éramos jovens, também nos mudamos para longe das nossas famílias, mas voltamos sempre para casa para visitar, como eles fariam. Eu sabia que Deus ainda tinha um chamado em minha vida para fazer mais no Brasil, e novas portas se abriram para mim para servir, e também aprender e crescer.

"Lar", como um lugar, é um mito, e aprendi que podia me sentir em casa em praticamente qualquer lugar. Jesus faz o Seu lar dentro de nós, e, onde quer que estejamos, já não estamos sozinhos.

CAPÍTULO 27

Sob protesto

"Eis, quão bom e quão agradável é para os irmãos habitarem juntos em união!"

Salmos 133:1

O Lar Feliz era formado por crianças de diferentes cidades que foram trazidas para lá por ordem do juiz. As crianças vinham de situações de alto risco, em que enfrentavam perigo regularmente. Gradualmente, ao longo dos anos, Paul e a equipe técnica começaram a ver essa mudança em relação aos adolescentes que vinham para o Lar Feliz. Ultimamente, os adolescentes não apenas vinham de casas e famílias boas, mas também eram uma ameaça para as suas próprias famílias! Era uma situação completamente diferente, porque os pequenos, que estavam tão fragilizados, geralmente ficavam felizes quando vinham morar no Lar Feliz. Eles gostavam tanto que não queriam ir embora no início. Muitos dos pequenos foram colocados para adoção por novas famílias e lares.

Por outro lado, os adolescentes eram levados ao Lar Feliz sob protesto. Eles não queriam estar lá. Muitos deles tinham usado drogas no passado e também tinham cometido pequenos crimes. Algumas das meninas se prostituíam nas ruas para ganhar dinheiro.

Às vezes, também eram usuárias de drogas. No Lar Feliz, recebíamos mães adolescentes com seus bebês, e ambos deviam ser cuidados. Também se tornou comum chegarem bebês cujas mães tinham usado drogas enquanto estavam grávidas. Víamos os bebês sofrerem os maus efeitos da abstinência. À medida que o mundo ficava mais severo, era difícil de ver. Os trabalhadores às vezes ficavam cansados. Às vezes, desistiam de um adolescente em particular. Os adolescentes sabiam como pressionar os trabalhadores. Por essa razão, geralmente era recomendado não compartilhar muito sobre a nossa história, problemas, passado ou questões familiares. Aconteceu mais de uma vez de uma trabalhadora ficar chorando, incapaz de lidar com os adolescentes.

— Você não pode falar isso do meu filho! — Melissa disse, em meio a soluços.

Ela lavou furiosamente o resto da louça antes de colocar seus pertences na bolsa. Ela tinha chegado ao limite. Agora chega.

— Depois de tudo o que eu fiz por você, como você pode dizer essas coisas? — ela levantou a voz novamente para a mãe adolescente problemática.

Ela não foi a única que foi feita chorar. Havia outras trabalhadoras que não conseguiam trabalhar nem mais um dia depois de tentarem lidar com as adolescentes. Melissa era a diretora de atividades que planejava artes e artesanato e viagens para as crianças. Ela tinha feito um trabalho incrível. De alguma forma, uma das adolescentes descobriu sobre o filho de Melissa, que sofreu com problemas de saúde e acabou morrendo.

Frequentemente, era um fato que as meninas adolescentes eram mais difíceis de trabalhar do que os meninos. Uma adolescente conseguia formar um grupo inteiro que ia contra os trabalhadores e causava tormento. Os trabalhadores tinham que encontrar o equilíbrio entre ser amigo ou ser uma figura de autoridade. Era uma arte a ser feita perfeitamente, e muitos falharam. Um trabalhador muito bom trabalhava por um tempo, e então algo acontecia, causando um burnout e um desejo de nunca voltar a trabalhar novamente. Se uma trabalhadora fizesse atividades divertidas com as adolescentes e fosse sempre amiga delas, o tiro sairia pela culatra. Levar qualquer adolescente para casa nos feriados ou fins de semana também mostrou ser um erro. Isso criava um vínculo demasiado forte entre o trabalhador e o adolescente e, infelizmente, um dia, o adolescente tiraria proveito disso.

Apesar de nem sempre ser fácil trabalhar com adolescentes, houve muitos casos em que acabou sendo bom. Normalmente, depois de completarem dezoito anos e terem ido viver por conta própria, mantinham contato. Às vezes, escreviam ou visitavam e, às vezes, se desculpavam pelo que fizeram de errado. Na maioria das vezes, eram gratos pelo que tinham vivido no Lar Feliz.

A sala de jantar tinha mesas e cadeiras alinhadas com café expresso, bolo de coco e guardanapos coloridos. Havia varais pendurados em paredes opostas, onde várias fotos estavam expostas. Havia fotos de bebês e crianças pequenas, grupos familiares com irmãos de braços dados. A maioria estava sorrindo, exceto por algumas caras engraçadas. Eram fotos de tempos felizes e memórias esplêndidas.

— Se você está em uma dessas fotos, por favor, sinta-se livre para levá-la para casa — disse eu em voz alta, acima do rumor de vozes que enchia a sala de jantar.

Mais de duzentos adultos se reuniram para um reencontro do Lar Feliz. Alguns vieram para relembrar, outros estavam curiosos, mas a maioria veio agradecer ao Pastor Paul, a mim, à equipe técnica, aos monitores e aos cozinheiros.

— Obrigado por me dar um começo de vida tão bom! — disse Thiago. — Consegui comprar a minha casa própria.

Chris, com um lindo bebê no colo, veio e apertou a mão de Paul.

— Como você está? — Paul perguntou calmamente, com emoção nas palavras. — Qual é o seu nome mesmo? Ah, sim, me lembro de você agora!

Inclinei a cabeça para o lado quando um jovem casal alto e bonito veio até mim com as mãos estendidas. Todas as crianças tinham crescido e, como adultos, era difícil ligar os rostos aos nomes e às memórias das doces vidas jovens que tiveram. Mais de duas mil crianças foram ajudadas pelo Lar Feliz desde a inauguração, dez anos antes. Foi um marco, uma vitória. Nem sempre foi fácil, mas conseguimos!

— Eu sou o Caique — disse um homem de cabelos escuros.

— Ah, sim! — Uma imagem de um jovem Caique veio à mente: um menino esperto e agitado, loiro, de olhos verdes vibrantes.

Algumas das crianças que cresceram no Lar Feliz passaram por momentos difíceis depois de partirem. Alguns foram para as drogas, outros foram para a prisão, e alguns até morreram. Apesar de a maioria deles ter vivido vidas produtivas e frutíferas, ainda era doloroso saber dos que não viveram. Mesmo uma cela de prisão não podia acabar com uma vida completamente. Alguns dos meninos passaram um tempo na prisão e saíram completamente renovados. Eu vi um desses meninos em um mercado em uma cidade próxima.

— Oi, tia Jill!

Eu girei no departamento de frutas e verduras de um supermercado em Arthur Nogueira.

— Lembra de mim? — perguntou um jovem bonito e bem cuidado, com um avental de trabalho.

— Lembro do seu rosto e do seu sorriso, mas não me lembro bem do seu nome. De onde você é?

— Meus dois irmãos e eu passamos alguns meses no Lar Feliz.

— Ah, sim, me lembro de você agora! Como você está? É tão bom ver você!

— Estou melhor agora, tia Jill. Eu gostei muito do tempo que fiquei no Lar Feliz, mas quando fomos para casa, tivemos momentos tão difíceis.

Ele desabafou sobre memórias dos pais brigando, abuso de substâncias e de se mudar de uma casa para outra.

— Estou melhor agora — tranquilizou-me.

Paul e eu sabíamos que podíamos ajudar o maior número de crianças possível, mas não era possível ajudar cada uma delas. Alguns não receberiam ajuda. Outras não estavam prontas para serem ajudadas. Era uma realidade dura.

Aprendemos com um pastor batista em Ohio:

— Vocês não poderão ajudar a todos! Devem se lembrar disso! As crianças vêm e vão. Algumas vão se sair bem, mas outras não. É algo com que vocês devem conviver, ou então ficarão desanimados. Eu sei. Já passei por isso. Fui pai adotivo por anos — afirmou.

Alguns conselhos eram tão valiosos quanto doações. Em vez de nos desencorajarmos a começar a nossa missão, fomos iluminados e mais bem preparados. Havia algo especial em colher uma pérola brilhante de sabedoria de alguém que tinha experiência.

William segurou gentilmente a coelha branca nas mãos. Ele cuidava dela diariamente, dando água e comida. Ele deu-lhe o nome de Bella. William, um menino de quinze anos, que era alto e magro com um longo rabo de cavalo nas costas, era um espírito gentil que amava animais, paz e plantas. Ele se dava bem com a maioria dos meninos da casa e foi sempre lembrado com carinho pela equipe e pelas crianças.

Um dia, era hora de ele voltar para a casa da família. A situação lá tinha melhorado, e ele iria trabalhar em um emprego de meio período para ajudar com os custos da casa. Bella ia com ele; ele era o único tutor dela e também levou alguns pertences escassos.

Seria um novo começo e um novo dia. Terminaria os estudos na escola à noite, e trabalharia no mercado durante o dia. Todos da equipe técnica ficaram felizes por ele voltar para casa, e essa seria uma das maiores histórias de sucesso. Ele iria morar com o pai, apesar de não terem tido qualquer contato durante anos.

Anos mais tarde, a equipe recebeu más notícias sobre William. Ele foi baleado e morto. A família não deu muitas informações a respeito.

— Teve a ver com drogas? — a equipe perguntou uns aos outros.

No fim das contas, ele estava no lugar errado na hora errada. Faltavam muitos detalhes da história sobre como um jovem gentil, que amava Deus e era trabalhador, tinha sido morto a tiros pela violência.

A dependência de drogas no Brasil tinha grandes proporções, atingindo quase todos. Parecia ser o maior problema e ameaça para a sociedade. A corrupção no Brasil é a ameaça principal à democracia, mas as drogas eram a ameaça principal para a família. Muitos ficaram feridos em seu rastro destrutivo. As drogas afetavam todos os setores da sociedade.

Depois de alguns dias, ouvimos de um dos trabalhadores chamado Marcelo que William esteve em um culto na igreja onde uma mensagem forte foi pregada pouco antes de ele morrer.

— O Senhor está chamando vocês para irem até Ele, e Ele está batendo à porta! — disse o pregador enérgico.

— Venha a este altar e se acerte com o Senhor!

Marcelo lembrou-se que William estava sentado e parecia ouvir, mas em vez de responder ao chamado no altar, ele calmamente ficou de pé e começou a sair pelos fundos, mas não antes de chamar a atenção do pregador finalizando o convite!

— Rapaz! Não saia desta igreja! Deus tem um plano para você! Não saia, ou sua vida será interrompida! — realçou ele como último recurso para que William fosse até o altar.

William não deu ouvidos às súplicas do pregador, mas, em vez disso, saiu pela noite e foi morto a tiros mais tarde. As circunstâncias não eram claras. Deixou para trás muitos que o amavam. Muitos se entristeceram, e sua ausência seria sentida, mas sua vida teve um propósito afinal. Sua história mudaria as vidas de outras pessoas.

CAPÍTULO 28
Não chore, neném, não chore!

"Bendito seja o Deus e Pai de nosso Senhor Jesus Cristo, o Pai das misericórdias,
e o Deus de toda consolação; que nos conforta em toda a nossa tribulação,
para que também possamos confortar os que estiverem em alguma tribulação,
por meio do consolo com o qual nós mesmos somos confortados por Deus."

2 Coríntios 1:3-4

Não chore, neném, não chore, disse à gêmea chamada Renee enquanto segurava a mão dela e andava onde um grupo de visitantes estava com pás.

Um grupo de professores e alunos de uma escola particular que Isa frequentava veio visitar o Lar Feliz. O Brasil tem feriados para quase todas as ocasiões, e este era dedicado ao plantio de árvores. Trouxeram com eles várias árvores para plantar na fazenda. Espalhados por um vale com muitos tipos diferentes de árvores, os alunos e os professores planejavam plantar num pedacinho abandonado de terra seca.

Espero que cresçam, pensei comigo.

— Venham, crianças, vamos ajudá-los a plantar algumas árvores! — disse eu, enquanto pegava suas mãos e os conduzia ao pequeno vale abaixo.

Acabou sendo um dia maravilhoso para alunos, professores e crianças. A escola descobriu que o Lar Feliz era um lugar feliz para estar, com crianças rindo e brincando. Os gêmeos, Renee e Randy, chamaram a atenção de todos. Eram tão fofos, mas também cheios de malícia.

Cerca de uma semana depois, recebi a notícia mais terrível. Recebi uma ligação da minha mãe por volta da meia-noite, dizendo que o meu irmão Rick tinha falecido de repente. Acabou sendo uma época muito trágica para toda a família, e eu decidi voar para casa, em Ohio, para ajudar onde fosse necessário.

— Você quem sabe — disse a minha mãe.

— Nós, como família, podemos ajudar a pagar a passagem se quiser vir.

Eu precisava ir para casa, para ver a família em Ohio, onde podíamos ficar de luto juntos e apoiar uns aos outros durante este momento tão difícil. Lembraríamos de todos os momentos felizes dos anos passados. Faríamos piadas como o Rick costumava fazer. Lembraríamos de todas as coisas engraçadas que ele tinha dito, e teríamos um bolso cheio de felicidade durante o momento escuro, em que Jesus é a única Luz.

Enquanto limpava as lágrimas, Paul e eu organizamos o meu voo para Ohio, mas, primeiro, eu iria até o trabalho de manhã, na Casa da Esperança, no Lar Feliz, e explicar que precisava ficar longe por um tempo.

Assim que cheguei, meu coração esfolado de dor, fui surpreendida pelas crianças correndo até mim, me dando abraços e chorando.

— Sentimos muito por saber que o seu irmão, Rick, faleceu. Sentimos muito, Tia Jill! Eles fizeram um abraço de grupo e começaram a chorar suavemente juntos.

Os olhos de Renee vasculharam o meu rosto, e ela perguntou sinceramente:

— Tia Jill, esse que morreu é o seu único irmão ou você tem mais irmãos?

— Bem, eu tenho mais quatro irmãos que estão vivos!

O alívio tomou o rosto de Renee, e ela disse:

— Ah, estou tão feliz que você tenha mais alguns irmãos, Tia Jill!

Ri disso, e todos nós rimos juntos.

Voei para casa, onde fiquei rodeada pela família, que estava sofrendo a perda juntos: abraçando, chorando, rindo e comendo frango no jantar em memória de Rick.

Sua perda seria sentida por todos os que deixou para trás, mas especialmente por sua esposa, Lisa, e seus filhos, Jacob e Rachel. Rick era maquinista e carpinteiro, e ele podia fazer qualquer coisa bonita com madeira. Ele construiu uma cabana de madeira na floresta onde eles moravam. Agora, ele estava descansando no Céu, nos braços fortes do carpinteiro perfeito, Jesus, o Filho de Deus.

Cerca de seis meses depois, minha mãe decidiu visitar o Brasil. Ela adorava o clima de belas manhãs e sol todos os dias. Ela adorava as lojas e sair para comer. Ela também gostava de ver a Casa da Esperança, que eu supervisionava. Fomos dar um passeio pela estrada para visitar os animais da fazenda nas proximidades.

Como Judy, minha mãe, era uma gêmea, ela gostava de ficar com os gêmeos, Renee e Randy, e os pegou pela mão enquanto andavam.

De repente, Renee sabia que tinha de dizer alguma coisa para a mamãe. A mamãe, que só conseguia entender inglês, inclinou-se para ouvir o que Renee estava tentando dizer. Renee colocou as mãozinhas morenas em cada lado do rosto da mamãe e disse as únicas palavras em inglês que sabia: "I love you!" — ela disse brilhantemente. E, quando percebeu que a mamãe entendeu, ela disse de novo e de novo.

Todas as crianças pequenas tinham aprendido a falar "Judy" e falavam a todo momento, como uma panela quente de pipoca pipocando no fogão.

— Judy, Judy, Judy.

Quando Renee disse aquelas palavras mágicas — "I love you" —, elas atravessaram as nuvens, brilhando alegria. A mamãe sorriu e chorou simultaneamente.

O luto vem em ondas. De repente, os sentimentos vêm sem aviso e, tão rápido quanto chegam, vão embora de novo. É preciso aprender a flutuar.

"Qualquer corda que você possa encontrar para se agarrar, o que quer que você saiba sobre Deus em seu coração, agarre-se a isso com tudo o que tiver. Então, recue e veja a Sua glória!"[15]

A mamãe fez uma visita maravilhosa no Brasil, e ela voltou para casa em Ohio enquanto fiquei no Brasil e me concentrei no trabalho. No Brasil, há um

---

15   Bill Dunn e Kathy Leonard, *Through a Season of Grief* (Nashville: Thomas Nelson, 2021), 116.

ditado que diz algo assim: "Esconderei a minha dor enquanto te ajudo com a sua." É um sinal de amizade verdadeira, desistir dos próprios sentimentos enquanto ajuda outra pessoa nos seus momentos difíceis. O Lar Feliz continuou a crescer e a florescer enquanto eu continuava a plantar sementes. Chorei nas sombras, mas mantive a promessa de Deus do Salmo 126:5-6 no meu coração. "Aqueles que semeiam em lágrimas colherão com alegria. Aquele que vai adiante e chora, carregando sementes preciosas, voltará sem dúvida com regozijo, trazendo consigo seus molhos consigo.

Em breve, chegaria a hora de Renee e Randy serem colocados para adoção, juntamente com os outros dois irmãos e uma irmã.

— Não posso ser adotada, Tia Jill. Sabe por quê?

— Diga-me o porquê — fiquei atordoada.

— A minha nova mãe tem um olho que é maior do que o outro.

— Sério? Não diga!

— Sério, Tia Jill.

— Ela tem dois braços para te segurar e abraçar?

— Ela tem, sim.

— E uma boca para te dar um grande sorriso?

Renee acenou com a cabeça, como se estivesse pensando profundamente.

— Por que você e eu não fazemos alguns desenhos para dar a ela de presente?

— OK.

Todos os dias, Renee fazia um novo desenho; eram expressões coloridas de quem ela era e do mundo à sua volta. No final da semana, quando o casal em potencial chegou, ela entregou-lhes uma sacola cheia de criações artísticas. A mulher, que era professora, os adorou e elogiou a pequenina, enquanto apontava seu talento natural. Foi realmente uma adoção bem-sucedida.

— Pastor, Pastor, tive um sonho muito estranho! — Chris gritou quando Paul e eu chegamos ao projeto numa manhã.

Sempre que chegávamos ao Lar Feliz, não importava a hora do dia, havia sempre uma multidão de adolescentes e crianças, e, às vezes, trabalhadores, que tinham que falar com o Paul. Se ele não estivesse no Lar Feliz, recebia rios de mensagens no celular, marcadas como "urgente".

Paul geralmente estava com a cabeça cheia de coisas; uma delas é que o fornecimento de leite estava baixando.

Confiar no Senhor parecia ser mais fácil para mim, enquanto Paul era o encarregado de organizar o pagamento de todas as contas. Ele confiava no Senhor, mas disse que gostaria de ver as coisas se movimentando um pouco mais rápido, às vezes. Ele sabia que o tempo do Senhor era perfeito, mas era uma lição que ele ainda estava aprendendo.

— Deus sempre nos providenciou; Ele fará de novo, não é? — eu disse a ele como lembrete. No passado, o Senhor providenciou tudo o que precisávamos de maneiras milagrosas.

Neste dia em particular, seus olhos varreram a multidão para ver o Cristiano, o entusiasmo irradiando do seu rosto.

— OK, Cristiano, qual foi o sonho? — Paul perguntou, um pouco impaciente.

Ele tinha alguns minutos antes de sua reunião começar.

— Sonhei que chegava um ônibus grande, não, parecia mais um caminhão — começou. — O caminhão grande chegou com muito leite para o projeto, e o Papai Noel estava nele. E a minha mãe também estava nele, e ela estava vindo nos visitar pela primeira vez!

Paul deu um tapinha na cabeça dele.

— É um sonho muito legal. Não seria muito bom se tudo isso acontecesse? — perguntou, passando por outro adolescente, que também tinha algumas perguntas.

Era meio de dezembro no Brasil. O Natal estava chegando, e fazia um calor imenso. Era típico que as famílias brasileiras fizessem um churrasco na véspera de Natal, seguido de um mergulho na piscina à meia-noite. À tarde, quando o ar parecia um forno, os trabalhadores e as crianças ficaram dentro de casa com as persianas fechadas, desenhos animados passando na TV e piso de cimento fresco debaixo dos pés.

Por volta das 16h ou 17h, uma buzina podia ser ouvida à distância. A buzina persistente gradualmente se aproximou, até que parecia estar chegando na frente da fazenda, despertando alguns de uma soneca profunda.

— O que é? — um dos trabalhadores enfiou a cabeça para fora do escritório para ver.

As crianças e os adultos saíram para a entrada, em frente à fazenda, para ver de onde vinha todo o barulho.

Cristiano saiu e começou a gritar:

— Olha, olha, olha! — Lágrimas de seus olhos escorreram pelo rosto até a parte de baixo do queixo.

— Eu disse que isso ia acontecer — disse ele, enquanto olhava na direção do Pastor Paul.

Ali à frente deles estava um grande semirreboque puxando um trailer que estava aberto atrás, revelando o Papai Noel acenando. Ele estava de braços com uma mulher mais velha, que, na verdade, era a mãe do Cristiano, que não conseguia visitar os filhos durante anos.

O Papai Noel ajudou-a a descer do trailer e outros adultos também saíram, cumprimentando Paul e as crianças que ali estavam. Os braços deles estavam cheios de presentes embrulhados em papel vermelho e branco amassado. Quando chegaram às crianças e à equipe, um deles exclamou:

— Ah, quase nos esquecemos, trouxemos um mês de suprimento de leite para vocês!

O olhar no rosto de Paul não tinha preço!

— Não era assim com Deus? Deus está no negócio dos milagres!

Paul contou a história para o máximo de pessoas quando explicava como Deus providenciou para o Lar Feliz. Ele disse essa simples afirmação aos casais que estavam sem esperança. Ele disse ao explicar aos apoiadores que viam uma necessidade. Ele proclamou na igreja no domingo à noite. Essa simples afirmação foi algo que Deus lhe ensinou durante a última hora de necessidade, numa tarde quente de verão. A verdade de Filipenses 4:19 tornou-se enraizada numa memória: *"O meu Deus suprirá todas as vossas necessidades, segundo as suas riquezas, em glória, por Cristo Jesus."*

CAPÍTULO 29

Novos lugares

"Por essa razão glorificai vós o SENHOR nos fogos, o nome do SENHOR Deus
de Israel nas ilhas do mar."

Isaías 24:15

Para onde devemos levar a nossa amiga Regine para férias no Brasil? — Paul me perguntou durante uma xícara de café em uma manhã.

Com entusiasmo, telefonamos e procuramos na internet um lugar maravilhoso para levar a nossa amiga, uma viúva da Holanda que precisava de umas férias. O Brasil era uma terra sem fim, com muitas coisas incomuns para ver. Fomos para uma cidadezinha de estilo suíço chamada Campos do Jordão, seguida de uma viagem para uma bela praia em Caraguatatuba. Esperávamos e orávamos para que cada detalhe fosse perfeito para a nossa amada amiga.

Nós a levamos de carro até a pequena cidade. A cidadezinha brasileira tinha a sensação da velha Europa. O chocolate quente luxuoso da cafeteria aquecia a alma ao ar livre e frio. Andamos pelas ruas e lojas e apreciamos a música de violino, da mão especialista de um músico de rua. Nós apreciamos um jantar de bife com batatas e brócolis e, depois de um longo fim de semana, voltamos para Holambra. Foi aconchegante ou, em holandês, diríamos "gezellig"! A nossa amiga Regine gostou.

Quando voltamos, ela se encontrou com alguns amigos holandeses em Holambra. Em seguida, planejamos uma semana na praia, em Caraguatatuba. Estávamos muito animados com esta pausa relaxante. A viagem durou cerca de cinco horas pelas rodovias e montanhas. Olhamos à distância para as vistas mais deslumbrantes, até finalmente chegarmos ao hotel cinco estrelas. Quando chegamos aos nossos quartos, os planos de mostrar à Regine um lugar maravilhoso começaram a dar errado.

— Ninguém ajuda com a bagagem aqui? — Regine perguntou calmamente, enquanto Paul sofria para colocar as nossas malas em cada quarto.

— O meu quarto está em outra ala. Esperava que ficaríamos perto, já que não falo português!

— Vamos deixar as nossas malas e nos preocupar com isso mais tarde. Estou ficando com fome! Vamos ver o que podemos achar na cidade! — Paul disse, enquanto ia até a recepção para fazer as mudanças.

O recepcionista-chefe acenou com um sorriso artificial. Satisfeitos com a resposta dele e com grande energia, decidimos dar um passeio pela cidade. Vasculhamos a área à procura de lojas e restaurantes agradáveis e algumas vistas incríveis, mas chegamos a um bairro desleixado.

— Onde estamos? — perguntei como se tivéssemos tomado um rumo errado. Não havia lojas ou restaurantes, pelo menos nenhum estava aberto. Continuamos a caminhar no sol quente da tarde.

— Talvez possamos encontrar um mercado para comprar alguns petiscos até os restaurantes abrirem — disse Paul.

— É uma boa ideia! — disse Regine.

Chegamos a um mercado lotado. Para onde quer que olhássemos, havia frequentadores da praia em trajes de banho, com sandálias sujas nos pés. Os corredores estavam cheios de crianças e até, ocasionalmente, um cachorro sujo. Regine olhava para trás e para a frente, e seus olhos notavam tudo. Nós três caminhamos, comprando bebidas, pães doces, queijo e algumas maçãs. Nós nos destacávamos na multidão, como rosas azuis em uma floresta de árvores. Subconscientemente, nos agrupamos e entramos na longa fila do caixa.

Um grupo de rapazes comprando refrigerantes estava rindo e brincando à nossa frente quando, de repente, uma das latas deslizou pelos dedos longos e explodiu no chão, dando um banho na blusa branca de lã da Regine com bolhas marrons e efervescentes.

— Oh! — Regine ficou perplexa e gritou em holandês:

— Ei, cara, preste atenção no que faz!

— Foi um acidente — disse Paul.

— Vamos nos apressar e sair daqui! — sussurrei quando finalmente chegamos na frente do caixa.

Paul apressadamente pagou as compras, e voltamos para o hotel de cinco estrelas. Regine ficou feliz por ter uma nova chave para um quarto mais próximo do nosso. Parando por um momento, olhei pela janela e fui para a varanda respirar a brisa fresca do mar.

— Paul, você pode tirar uma foto rapidinho?

Fotografia é um passatempo, e eu adorava captar todos os momentos na câmera para recordar.

— OK! — Paul gritou do banheiro. — Tenho más notícias!

Havia um vazamento de água no banheiro, que deixou doze centímetros de água no chão.

— Vou chamar a recepção!

Quando o serviço de limpeza veio com um braço carregado de toalhas para tirar a água, Regine disse calmamente:

— Você precisa pedir outro quarto! Não aceite esse tipo de coisa!

Paul foi até a recepção, ouvindo as garantias do funcionário de que seria consertado. Decidimos sair à noite e pedimos direções para o restaurante mais próximo. Uma churrascaria perto da praia foi indicada. Fomos e apreciamos a refeição até que a conta chegou. O valor exorbitante era suficiente para comprar mantimentos para uma família brasileira modesta por um mês.

Voltamos aos nossos quartos. O banheiro ainda estava vazando. Paul conseguiu a chave para um novo quarto com banheiro funcional, menos a vista.

— Bem, não se pode ter tudo o que se quer — disse eu, determinada a aproveitar o melhor possível. Amanhã seria um grande dia.

Na manhã seguinte, o sol brilhava enquanto tomávamos café no restaurante do hotel. Nossa mesa estava generosamente cheia de frutas e pães.

— Eu voto para irmos à praia!

— Eu também voto! — Regine disse.

Pegamos nossas coisas e descemos rapidamente. Ao chegar às águas agitadas, Regine não parecia impressionada, a decepção estampada na testa.

— Onde estão as cadeiras? Temos que sentar na areia?

— Vi algumas cadeiras à venda. Vou comprar uma! — Paul disse pegando a carteira.

— Adoro nadar no mar. Volto em uma hora — eu disse.

Adorava seguir as ondas como um golfinho; o balanço da água salgada aliviava a minha tensão. Paul rapidamente voltou com algumas cadeiras de praia. Regine colocou seu chapéu e tirou um livro para ler. Para o almoço, compramos o pescado do dia: peixe frito empanado e batatas fritas. Espremos suco de limão por cima. Era bom e barato também.

O dia na praia acabou, e voltamos à recepção para pegar a chave.

— Foi tudo bem, senhor? — o homem brando da recepção perguntou a Paul enquanto levávamos as nossas toalhas sujas para o cesto para serem lavadas.

— Sim, nos divertimos muito — respondeu Paul. — Alguma ideia de lugares próximos que possamos visitar?

— Vocês não podem ir embora sem ver Ilhabela. É de tirar o fôlego! — disse o homem na recepção. Ele deu instruções a Paul sobre como chegar lá.

— É apenas uma viagem rápida de balsa. Vocês podem passar o dia e depois voltar à noite.

— O que acham? — Paul perguntou.

— Sim, parece legal.

Estávamos ambos dispostos a ir. Afinal, se fosse apenas uma viagem rápida, valeria a pena; e estávamos prontos para uma aventura!

Pegamos a estrada e dirigimos até a balsa. A longa fila consistia em caminhões e cerca de cem bicicletas conduzidas por rapazes jovens. Havia carros velhos e surrados, pessoas de férias e todo tipo de gente à espera na fila. Batemos papo, conversamos e o tempo se arrastou. O sol brasileiro quente do meio-dia, veio derretendo casquinhas de sorvete e avermelhando a pele. Começamos a ficar com fome enquanto esperávamos, até que, finalmente, era hora de ir para o barco com o nosso carro. A tensão da espera se evaporou quando estacionamos o carro e caminhamos até à frente da balsa para ver a vista das ondas do mar. O vento do mar quase levou o chapéu de Regine embora!

Uma vez que chegamos, ficamos fascinados pela beleza que nos rodeava. A cor do mar combinava com a do céu azul limpo, que era um tom cintilante de turquesa. Por todo o lado, as mulheres andavam em vestidos de praia e Havaianas. As palmeiras balançaram como se nos dessem um "olá" acolhedor. Na costa limpa e rochosa, havia uma fila de pequenos restaurantes para comprar uma bebida gelada ou o pescado do dia. Caminhamos um pouco mais até avistarmos uma placa que dizia "Pimenta de Cheiro", com uma pequena pimenta vermelha estampada, no topo do edifício claramente pintado, ao lado ao mar.

— Por que não entramos aqui? — perguntou Regine.

Entramos e nos sentamos em uma mesa rústica de madeira perto da areia da praia. Olhamos o menu do almoço e vimos que o especial do dia era bife com batatas fritas! Todas as refeições vinham com arroz, feijão e salada. Depois de desfrutarmos de uma refeição maravilhosa juntos, Regine pagou a conta. Nadei um pouco nas águas limpas da praia, enquanto Regine foi dar um longo passeio ao longo da costa. Paul se sentou em uma mesa próxima, dando goles em sua bebida. O dia não podia ficar melhor!

Quando entramos no carro para voltar ao hotel, o sol estava se pondo, criando um belo céu roxo-laranja. Desta vez, não havia fila para entrar na balsa, e entramos direto. Depois de mais alguns dias, dirigimos cinco horas de volta a Holambra.

— Não somos apenas amigos, também somos família — disse Regine, quando saiu para ir ao aeroporto.

Depois de todos os lugares para onde tínhamos viajado no Brasil, seu lugar favorito era Holambra. Ela nos deu um abraço caloroso, e, da próxima vez que a víssemos, seria na Holanda.

A viagem com a Regine foi a primeira vez que Paul e eu fomos para Ilhabela, mas não seria a última.

CAPÍTULO 30
De irmão para irmão

"E o SENHOR disse a Caim: Onde está Abel, teu irmão? E ele disse: Eu não sei;
Sou eu guardador do meu irmão?"

Gênesis 4:9

Santo Antônio de Posse e Jaguariúna, duas cidades que levaram crianças ao Lar Feliz, eram como dois irmãos que cresciam juntos com o tempo. Santo Antônio de Posse (Posse) havia levado crianças ao Lar Feliz quase desde o início. Mais da metade das crianças residentes eram de Posse, e havia poucas de Jaguariúna. Das crianças que vinham, muitas eram de circunstâncias dolorosas. As vidas e os rostos das crianças eram inesquecíveis.

De acordo com autoridades políticas, quando o número de casos ultrapassou vinte crianças, era hora de a cidade começar o próprio lar para crianças. O número de crianças de Posse que tinham sido enviadas para o Lar Feliz tinha aumentado para vinte e oito!

Todas as crianças que vieram encontraram um lugar acolhedor em cada um dos nossos corações no Lar Feliz. Seria devastador ver todas voltarem à Posse, de onde eram originalmente. Havia meninos e meninas adolescentes que tinham morado a maior parte das suas vidas no Lar Feliz, mas isso seria uma politicagem? Mudanças estavam acontecendo em todo o Brasil. Novas teorias estavam sendo postas em prática. Às vezes, batia uma insegurança, como se as regras tivessem sido subitamente todas descartadas. Paul, eu e os outros trabalhadores do Lar Feliz, que tinham anos de experiência, tinham algumas dúvidas sobre como isso funcionaria. Com mais da metade das crianças saindo de uma só vez, muitos dos trabalhadores teriam que ser demitidos e encontrar emprego em outro lugar. Haveria pesos financeiros depois que uma cidade, que pagava o montante estipulado das despesas, não precisasse mais dos serviços.

O que aconteceria com o Lar Feliz? Era o início do fim de um lar que trouxe alegria a tantas crianças e famílias?

Ao redor da mesa, alguns dos apoiadores mais fortes se sentaram, e o Pastor Paul explicou como as coisas iriam mudar. No passado, o número médio de crianças era de quarenta. Agora, nós diminuiríamos para menos de vinte! Enquanto Paul explicava corajosamente, o meu coração vazava pelas minhas lágrimas, e eu as enxugava com um lenço.

Quando tempos de desânimo surgiam como uma nuvem, começavam a aparecer pequenas sementes de esperança.

— Vocês sabiam que há uma necessidade de um lar para crianças em Ilhabela? — Paul perguntou à equipe técnica.

— Onde você descobriu isso? — perguntou um dos psicólogos.

Era um método diferente que o estado começou a usar. Chamava-se chamada pública. Este novo procedimento foi realizado pela administração pública para organizar atividades ou projetos de interesse público. Só podem se candidatar aqueles com o registro em ordem e que têm um histórico de trabalho competente. Eles precisavam de uma nova gerência para o lar das crianças localizado na bela praia de Ilhabela! Primeiro, teríamos que visitar e espiar o lugar antes de colocarmos a nossa oferta para que Lar Feliz assumisse o controle. Iríamos alugar uma van e ir lá juntos.

O pastor Paul alugou uma van suficientemente grande para vinte pessoas, e, logo cedo, os principais trabalhadores chegaram com bolsas cheias de coisas essenciais para o dia previsto. Colocamos tudo na van, uma por uma. Estávamos a caminho de uma nova aventura. Petra, a coordenadora, consideraria se mudar para Ilhabela para liderar o trabalho na ilha para o Lar Feliz.

— O que acha disso, Petra? — perguntei com um riso.

Em um posto de gasolina, nos entregaram um folheto com uma mulher na praia. Um jovem alto, de pele cor de creme, com calças de praia coloridas, também estava perto da van.

— Pode ser que tenha um assim para você. Olha! — Adriana deu uma cotovelada em Petra enquanto ria entre as mãos.

Petra não disse uma palavra, apenas riu amigavelmente. Só Deus sabia. Talvez desse certo para ela desta vez. A esperança brilhou nos olhos dela.

— Se fosse como naquele folheto, seria fantástico! — Petra disse calmamente, enquanto todos sorriam e riam.

Petra, que tinha feito um trabalho incrível no Lar Feliz em Jaguariúna, sentiu que o seu tempo lá tinha terminado. Ela estava pensando em seguir em frente. Estava dividida entre a ideia de começar uma clínica para adolescentes grávidas em Posse ou ir para Ilhabela.

Depois de uma viagem de dez horas, que parecia se arrastar com muitas paradas, finalmente chegamos à fila para pegar a balsa até a ilha. Um vento refrescante passou por nós, e tudo ao redor estava tranquilo. A fila para a grande balsa se movia continuamente à medida que a van se aproximava mais da frente da fila. Logo, foi a nossa vez de entrar no longo barco plano que parecia ter espaço sem fim nele. Uma vez cheio, arrancou em um ritmo lento para levar todos de São Sebastião para Ilhabela.

Chegamos uma hora e meia mais cedo e estávamos a pé, alongando. Paramos perto do edifício onde nos reuniríamos com o atual líder do abrigo.

— Vamos achar algum lugar para comer! — disse Rodolfo, um dos diretores do Lar Feliz. Rodolfo tinha o dom de encontrar os melhores lugares com a melhor comida e os melhores preços.

Havia um pequeno restaurante na rua, que tinha espaço suficiente para todos se sentarem. O especial era "Pescado do dia"!

— Eu quero esse! — disse eu, cutucando o Paul. Se você está em uma ilha, não há nada melhor para comer do que peixe fresco. Alguns pediram peixe e alguns pediram bife. Todos os pratos executivos de almoço tinham o mesmo preço. Depois, todos pedimos bebidas. Alguns de nós tomaram água mineral; outros tomaram refrigerante. Outros tomaram suco de laranja, sem açúcar ou água adicionada. Cada prato de almoço começou com uma salada pequena, que o garçom trouxe quase imediatamente com todas as bebidas.

Tivemos um bom almoço e discutimos, durante o almoço, como esperávamos que as coisas fossem. Era uma viagem para explorar o terreno. Nada era certo e ainda não tínhamos assinado nenhum contrato. Era uma nova porta aberta, mas era a porta certa? Teríamos de ver por nós mesmos ao visitar o abrigo das crianças. As autoridades da cidade decidiriam quem iria assumir. Era uma nova política que promovia uma competição saudável para trazer os melhores resultados.

Depois do almoço, nos preparamos para ir ao gabinete das autoridades da cidade, e depois podíamos pedir para ver o lar das crianças. Como era um espaço minúsculo, com um conjunto sinuoso de escadas, apenas cinco puderam entrar.

— Se quiserem ver o lar das crianças, podemos arranjar isso para vocês — disse a secretária.

— Sim, gostaríamos de vê-lo — disse o Pastor Paul.

O bairro era calmo na época. Um ponto de ônibus solitário ficava em frente a uma casa verde exótica, construída no topo de um morro. Atrás da casa menor, havia uma casa maior com uma varanda bonita de onde se podia ver toda a ilha. Não havia crianças à vista. De repente, uma van chegou rapidamente com todas as crianças e um monitor.

— Em nosso abrigo, as crianças não podem receber visitas — disse simplesmente a jovem coordenadora.

Ela tirou o longo cabelo louro-escuro dos olhos verdes ovais. Vestida com uma simples camisa tingida e calças de estampa multicolorida selvagem, ela escalou agilmente as escadas sinuosas.

— Vamos! — Ela acenou em direção a uma escadinha sinuosa que levava ao abrigo das crianças.

Entramos na sala de estar, e tudo cheirava a limpeza, com aroma de álcool isopropílico, que era comumente usado para limpar as superfícies e as janelas. O longo corredor revelava filas de quartos minúsculos onde ficava cada dormitório. No final, havia um banheiro bagunçado, a porta destrancada, fechada apenas com um barbante. Era o único para todas as pessoas da casa inteira!

Ao entrar na cozinha, vimos um pequeno espaço de trabalho com duas geladeiras grandes e um fogão industrial. A despensa estava atrás de uma cortina velha e fina, com o canto amarrado em um prego, revelando caixas de massas, vegetais enlatados, caixas de leite e um gato chamado Romeu na prateleira superior.

— Ele mantém os ratos longe! — alguém disse.

— Ele tem que ir embora! — Petra disse.

— Não são permitidos gatos na cozinha!

O sol brilhante pintou as águas do mar com um brilho rosa conforme o dia terminava. Toda a equipe do Lar Feliz ficou satisfeita no final do dia frio. Era uma oportunidade maravilhosa e não deveríamos deixá-la deslizar pelos dedos. Depois de um rápido mergulho nas águas frias de inverno, nos sentamos em uma cafeteria para discutir detalhes.

— Você seria capaz de gerenciar as coisas por conta própria? — perguntou o pastor Paul a Petra. — Como você vai se sentir se houver um tumulto entre os meninos adolescentes, por exemplo, e não pudermos vir imediatamente para resolvê-lo?

Sentaram-se à mesa de piquenique, pensando calmamente. Petra foi sargento no exército real holandês e era uma líder que podia supervisionar uma variedade de conflitos e problemas. Era um cargo que ela poderia gerenciar sozinha? A viagem de Holambra para a ilha era de cerca de seis horas, dependendo do trânsito e da fila para pegar a balsa.

— Sim! — Petra acenou com a cabeça. — Acho que consigo.

— Esperem um minuto! — Verônica gritou à distância.

Verônica era a psicóloga que atendia as crianças do projeto em Jaguariúna. Ela tinha ajudado muitas crianças a evoluírem a passos largos com a terapia necessária para resolver os problemas de adaptação a novas famílias. Ela tinha um grande coração, cheio de amor por crianças e adolescentes.

— Vou ficar com você, Petra! Vou mudar de cidade e trabalhar com você aqui como psicóloga na equipa técnica.

Verônica caminhou rapidamente da praia com uma toalha enrolada em volta dela.

Decidimos juntos assumir o novo abrigo em Ilhabela. O Lar Feliz abraçou um novo local. As duas amigas corajosas ficariam e trabalhariam juntas para dirigir o projeto para crianças na bela ilha. Talvez não fosse sempre leve como esperavam, mas as duas mulheres aprenderiam e embarcariam em uma nova e desafiadora aventura em um lugar bonito que, ao viajante, parecia o paraíso.

Para Petra, o sonho de iniciar um projeto em Posse havia sido posto de lado para uma oportunidade nova e incrível.

Posse decidiu ir em uma direção diferente. Paul e a equipe técnica conversaram à mesa da sala de jantar com dois dos homens do conselho infantil. Uma nova organização assumiria a tarefa de começar um novo abrigo infantil no rancho do atual prefeito, não menos que isso. Haveria uma cerimônia de abertura no dia 31 de outubro.

A chamada pública tinha cumprido o seu propósito, e Posse começaria outra coisa sem a ajuda ou o trabalho do Lar Feliz. Nosso trabalho chegou ao fim, embora a decisão tenha deixado tristeza em seu rastro. Durante anos, servimos Posse. As crianças de lá foram criadas, a maior parte do tempo, em Jaguariúna. Agora, teriam que sair e se mudar para um novo lugar, com uma nova equipe de trabalhadores e psicólogos. O planejamento começou a ser desenvolvido em todas as mentes da equipe técnica. Com sorte, uma transição suave ocorreria de acordo com o plano.

Era um dia luminoso e ensolarado quando um grande ônibus da cidade veio levar as crianças para o seu novo lar. Chegou depois da hora do almoço, e as crianças foram autorizadas a levar todos os pertences que tinham acumulado ao longo dos anos; quaisquer brinquedos, roupas e vários pares de sapatos seriam permitidos.

— Posso levar o meu cachorrinho novo? — um adolescente perguntou ao pastor Paul. Ocasionalmente, uma cadela vinha e tinha uma ninhada de cachorros na fazenda. Não era incomum que as crianças escolhessem um para cuidar. Os filhotes eram geralmente vira-latas, mas eram fofos e adoráveis, especialmente quando pequenos.

— Sim, desde que esteja tudo bem para o novo abrigo! — respondeu o pastor Paul.

Eles se sentaram na sala de jantar para a última refeição juntos, e um pequeno álbum de fotos deles crescendo no Lar Feliz foi apresentado a cada um pelo Pastor Paul.

Bia sorriu em meio às lágrimas. Ela tinha quase dezoito anos e chegou quando era uma criança pequena, de apenas dois anos, de cabelos encaracolados, cheia de graça e travessuras. Apesar de ter sido complicada às vezes, ela tinha mudado e se desenvolvido de uma forma bonita. Ela cresceu.

Eram 11h45, e cada um deles caminhou pelo grande morro em direção ao estacionamento do lado de fora do portão. Rodolfo segurava a menininha loira menor, e Rodrigo recolhia todos os documentos técnicos e medicamentos em uma bolsa Ziplock. Eles esperaram. O ônibus estava atrasado, já que o horário de buscá-los havia passado uma hora. Paul ligou para o novo lar, mas ninguém atendeu.

Olhei para estrada sobre o morro, de onde o ônibus chegaria. Meus braços doíam de segurar um pequeno. O que poderia ter acontecido? Finalmente, uma hora e meia depois, chegou um ônibus misterioso com apenas um condutor e sem equipe.

— Não pode ser! — disse Rodrigo, segurando os papéis e as embalagens de remédios. — Não vou enviar estas crianças sem os cuidados de um adulto! Eles podem atirar o remédio pela janela!

Parecia um início sinistro para todos os funcionários do Lar Feliz. Era possível que tivessem mudado de opinião? Paul continuou telefonando para o novo presidente da organização que iria assumir a função do Lar Feliz em Posse.

Finalmente, alguém atendeu e disse simplesmente:

— Ainda estamos à espera do ônibus!

— O ônibus já está aqui! — Paul exclamou.

O ônibus veio diretamente para o Lar Feliz, sem buscar qualquer funcionário da equipe. Esperamos até que a equipe pudesse vir em um carro separado. Um ou dois adultos iriam de ônibus, e três dos pequenos iriam de carro.

Depois de chegarem apressadamente, era hora de embarcar todas as crianças e seus pertences. Abraçamos e enxugamos lágrimas enquanto cada um dizia o seu adeus emocionado. O único rosto feliz na multidão era o adolescente travesso, que levava seu novo cachorrinho.

Uma vez que foram embora e acenamos tchau com as mãos, Paul e eu recebemos um convite para a inauguração do novo lar, que iria acontecer na noite do dia 31 de outubro.

— Isso é um mau sinal! — disse eu ao Paul, em casa. — Quem abriria um abrigo na noite do Dia das Bruxas?

Era uma tarde clara quando partimos para participar da abertura do novo abrigo de crianças em Posse, chamado Mãe Maria, em homenagem à mãe do prefeito. A casa bela e grande, localizada no centro da cidade, ficava escondida da rua principal por uma faixa longa e estreita. Quando descemos na entrada, de repente, as nuvens se abriram, e a chuva caiu furiosamente. O novo estacionamento não pavimentado estava preenchido com todos os tipos de carros estacionados em completa desordem. Paul e eu tínhamos esquecido o guarda-chuva e corremos, como os outros, para a varanda da casa, onde podíamos nos abrigar da chuva. Uma centena de pegadas lamacentas acompanhavam o corredor da porta, pois, infelizmente, as pessoas não tinham como limpar a sola dos sapatos, e não havia tapete à vista.

A área de brincar tinha jogos em caixas e caixas de tesouras e giz de cera. Havia bonecas, carrinhos e bolas nas prateleiras ao lado de cadeirinhas. Ao longo do teto e do corredor, havia filas de janelas imaculadas. Meus pensamentos voltaram para uma época em que um dos meninos malcriados quebrou as janelas da sala de jantar jogando pedras uma a uma. Quando perguntado o motivo, ele simplesmente respondeu:

— Foi divertido!

Ao longo dos anos, servir Posse nem sempre foi fácil, por isso foi com sorrisos e sentimentos misturados que participamos do evento. Não estávamos lá para aconselhar, apenas para abençoar, orar e desejar o melhor.

Naquele momento, o prefeito se levantou para falar. A casa grande do rancho era a segunda casa da família. Ele havia investido parte do seu coração nesse lar de crianças. Contou sobre os seus sonhos de abrir o próprio abrigo para crianças. Era a sua paixão fazê-lo, assim como do assistente social da cidade.

— Era o sonho deles — sussurrei.

Era algo que eles, enquanto cidade, desejavam muito. Não foi nada pessoal contra o Lar Feliz. Não parecia haver nada político sobre isso. Era simplesmente o desejo deles de ter o próprio lar para crianças perto das famílias. O grande salão estava cheio de todos os tipos de pessoas que estavam ansiosas por arregaçar as mangas e ajudar.

Naquele momento, o prefeito dirigiu a sua atenção ao Paul e a mim.

— Queremos agradecer ao Pastor Paul e ao Lar Feliz por todos os anos de colaboração conosco — disse ele com um aceno de cabeça. — Agora é a nossa hora de construir o nosso próprio lar para o bem da nossa comunidade! Eu conheço as pessoas de Posse, sei o quanto são boas, e sei que estarão sempre aqui para ajudar onde for necessário.

A celebração da inauguração foi finalizada com uma oração, primeiro pelo padre católico e depois por um pastor da Igreja Assembleia de Deus da cidade.

— Vamos para casa! — sussurrei para o Paul.

— Não, vamos sair para comer alguma coisa. Que tal pizza?

Saímos pela porta dos fundos, apenas dando tchau com a mão enquanto o resto se reunia à volta da mesa, onde havia comida, bebidas e flores que estavam sendo entregues aos indivíduos.

Partimos com a mente tranquila, sabendo que o nosso trabalho em Posse tinha terminado. Os membros políticos nos dirigiram um breve agradecimento que mal cobriu toda a dificuldade, sangue, suor, lágrimas e sofrimento que passamos durante os anos de trabalho exigente. Não cuidamos das crianças para receber o agradecimento e o elogio dos homens. Cuidamos por amor a Deus e a todas as jovens vidas que passaram por lá.

As cidades de Posse e Jaguariúna seriam agora separadas no cuidado com as crianças, como dois irmãos que cresceram em ritmos diferentes. Posse iria seguir em frente, desenvolvendo o próprio lar, enfrentando desafios muito novos e difíceis por estar no centro da cidade. O Lar Feliz passaria por todo o tipo de mudanças em relação aos trabalhadores e às políticas, mas não apenas continuaria a sobreviver, como também prosperaria. Era um novo dia.

Seis meses depois, soubemos como as coisas estavam difíceis no novo abrigo de Posse, mas continuaríamos firmes na decisão de separação. Deus providenciaria. O futuro, embora não pudesse ser visto, era muito brilhante!

CAPÍTULO 31
Banquete

"Então lhes disse: Segui o vosso caminho, comei a gordura, e bebei a doçura, e enviai porções para aqueles que nada foi preparado; porque este dia é santo ao nosso Senhor; nem estejais contritos; porquanto a alegria do SENHOR é a vossa força."

Neemias 8:10

Jaguariúna, Lar Feliz
Época de Natal

A sala de jantar estava primorosamente decorada com fitas de papel, uma árvore de Natal gorda e até um simpático Papai Noel de tamanho real no canto. As luzes ao redor das janelas piscavam de forma errática, enquanto cheiros deliciosos enchiam a sala, juntamente com o riso dos trabalhadores que chegavam aos poucos. As mesas formavam um U gigante, e cada lugar tinha guardanapos vermelhos e brancos e talheres.

— Entrem, pessoal! Está na hora de começar a nossa festa de Natal — disse Paul, enquanto os trabalhadores começavam a entrar em fila lentamente.

As decorações da festa e o cuidado nos ornamentos feitos à mão faziam com que todos se sentissem especiais. Uma mulher tocou os ornamentos da árvore quando reconheceu que foram feitos pelas crianças. Na frente, havia uma mesa gigante com assadeiras retangulares de comida quente, cobertas por tampas planas.

Arroz, feijão, salada de batata, lasanha e carne de porco com frutas estavam no cardápio hoje. Nada além do melhor para aqueles que deram tudo às crianças do Lar Feliz. A atmosfera de alegria continuou a crescer quando a Tia Selma entrou por último com o pessoal da Casa da Esperança, empurrando alguns carrinhos com bebês adormecidos.

A maioria das crianças tinha ido a casas diferentes para o Natal com parentes, amigos ou, quando possível, com seus próprios pais. Durante esta época especial do ano, a maioria das crianças queria celebrar em casa. Infelizmente, todos os anos havia alguns deixados para trás, sem ter para onde ir. Para aqueles que ficavam para trás nos feriados no Lar Feliz, haveria refeições especiais, presentes e doces para tentar compensar o que faltava.

O Pastor Paul se levantou.

— Vamos fazer uma oração antes de começarmos; e depois da refeição, teremos o nosso amigo chocolate!

Alguns risos foram ouvidos quando um homem cutucou alguém ao seu lado com o cotovelo, um sorriso largo dirigido para a mesa de presentes de tamanho ímpar.

Um silêncio tomou conta da sala enquanto todos ficaram quietos e oraram juntos.

— Deus Pai, agradeço a Vós este ano que passou no Lar Feliz e pelo quanto o Senhor providenciou para tantas vidas, de tantas maneiras milagrosas. Só queremos agradecer por tudo o que o Senhor faz por nós. Obrigado por todo o Seu amor por nós! Obrigado pela comida. Amém!

"Amém" ecoou por toda a sala com vozes diferentes.

— Vamos comer!

Cada trabalhador entrou na fila, pegou um prato de vidro da pilha e encheu-o com um monte de comida. Havia algo para o gosto de todos, incluindo saladas e pudins para sobremesa. Alguns dos homens fortes até recuaram por alguns segundos, e ninguém se atreveu a fazer dieta. O Lar Feliz tinha uma reputação muito boa pela comida maravilhosa. Havia até duas autoridades de Posse que vinham todas as semanas, sem falhar, para o almoço.

Alguns cozinheiros simplesmente cozinhavam, e havia aqueles que o faziam com amor. Havia cozinheiros que podiam cozinhar o amor na comida! Era fácil ver a diferença, e as crianças cresciam e prosperavam ao comer comida boa e saudável.

Quando a comilança começou a abrandar e os pratos foram lavados e empilhados na pia, Sônia, a secretária, caminhou com uma pequena tigela contendo pedaços de papel com números escritos. Cada funcionário, por sua vez, escolheu um número, desdobrando-o rapidamente com deleite nos olhos. Em breve, a diversão começaria.

— Número um — Paul gritou acima do barulho das vozes ao redor da mesa. — Eu!

Uma das trabalhadoras da Casa Meninas correu para a frente para inspecionar a mesa de presentes. Depois de olhar cuidadosamente para cima e para baixo, decidiu-se pela maior caixa com papel azul e branco. Ela correu de volta para o seu lugar.

— Próximo! Número dois! — Paul gritou. — Agora, você pode tirar o primeiro presente da Maria ou pode escolher um novo, se quiser. Você escolhe!

Aline levantou de repente a mão e, previsivelmente, foi pegar o presente grande da Maria à sua frente na mesa. Toda a sala irrompeu em risos, já que a pobre Maria tinha de ir até a frente para escolher outro presente. Ela encontrou um pacote de presente que parecia caro, com uma marca de chocolate de alta qualidade. Ela estava segura, por enquanto, do próximo que podia escolher um dos presentes que foram tirados ou escolher um novo presente da mesa.

Continuou até que todos tivessem um presente na frente deles, na mesa. Todos esperavam pelo melhor enquanto desembrulhavam os presentes de chocolate. Ninguém queria qualquer chocolate barato, como Isa e Jeremy chamaram, que era feito no Brasil e derretia rapidamente.

Gritos e risos encheram a sala enquanto todos revelavam seus presentes de chocolate. Algumas das embalagens tinham sido disfarçadas usando papel e grandes caixas vazias, mas continham apenas uma caixinha de chocolate no interior. Os pacotes de presente eram, geralmente, sempre uma vitória. Mesmo pequenos, eram fiéis ao seu conteúdo. A festa foi um grande sucesso, uma das favoritas entre todos.

Enquanto olhava ao redor da sala cheia de sorrisos e abraços dos trabalhadores, uma tristeza preencheu meu coração. A única constante que temos nesta vida é que as coisas sempre mudam. Temos que nos adaptar à mudança e devemos abraçar a mudança, embora nem sempre seja fácil. Eu havia compartilhado numa conferência, há pouco tempo, sobre as novas leis brasileiras em relação aos abrigos para crianças. Eu disse essas palavras com tanta confiança na época, mas colocá-las em prática era sempre muito mais difícil do que a teoria. No final do ano, 50% desses trabalhadores seriam demitidos e teriam que procurar emprego em outros lugares.

CAPÍTULO 32
Em casa no paraíso

"A verdadeira natureza do paraíso é que ele será perdido."[16]

– Melissa Coleman

Paul levou o carro da família até a saída, perto de uma padaria, onde a assistente social Cristiane estava esperando no meio-fio. Paul e eu saímos do carro para ajudá-la a colocar a bagagem no porta-malas. Mesmo que nós três fôssemos passar apenas alguns dias em Ilhabela, o porta-malas e parte do banco de trás estavam cheios. Levamos vasilhas Tupperware cheias de material de arte, caixas de pães recém-assados para vender, travesseiros e cobertores frescos, porque os do hotel barato tinham um leve odor, toalhas de praia e sapatos. Pegamos garrafas de água fresca antes de começar a viagem de seis horas, se a fila para a balsa estivesse curta, para chegar à bela ilha chamada Ilhabela.

Ouvimos um fluxo constante de música gospel enquanto Paul dirigia. Ele discutia intermitentemente com a Cristiane, que se inclinava para a frente do banco de trás. Eles tinham coisas importantes para discutir sobre as reuniões que estavam por vir e queriam estar preparados. O Lar Feliz estava abrindo os braços para um novo local na ilha, e iríamos gerenciar dois abrigos para crianças. A fazenda em Jaguariúna continuaria da mesma forma, apenas com

---

16   Melissa Coleman, *This Life is in Your Hands* (New York: HarperCollins, 10 de abril 2012).

um número menor de crianças, e gerenciaríamos à distância uma casa no centro da cidade, em Ilhabela. A casa em Jaguariúna encolheu drasticamente em tamanho depois que a cidade de Santo Antônio de Posse não necessitava mais dos nossos serviços e decidiu começar um novo lar na própria cidade.

Muitos dos trabalhadores do Lar Feliz seriam temporariamente desligados, até que o número de crianças crescesse novamente. Alguns dos funcionários poderiam trabalhar na ilha. Indo uma vez por mês, discutiríamos os problemas, conheceríamos as crianças e a área, e levaríamos todos os suprimentos necessários para as líderes da equipe, Petra e Verônica.

Era o meu emprego dos sonhos! Sendo voluntária, eu poderia criar o que faria de acordo com a necessidade presente. Eu tinha muito mais flexibilidade, o que eu ansiava nos últimos anos liderando a Casa da Esperança. Surpreendentemente, achei os adolescentes e as crianças do lar muito animados para fazer artes e artesanatos. Planejei atividades com eles para que se sentassem à mesa, fazendo coisas, pintando figuras e até fazendo biscoitos. Pude transmitir a paixão de criar às crianças naturalmente talentosas que vivem na ilha. Sendo bem-comportadas e atentas, as crianças pequenas e os adolescentes me escutavam e seguiam as instruções cuidadosamente. A abertura deles brilhava em seus olhos enquanto cantavam juntos com a música gospel e usavam seus talentos artísticos. Fizeram coisas primorosas para apreciar, como decorações coloridas para a árvore de Natal e pinturas do mar que foram adesivadas e penduradas na parede atrás da mesa de café da manhã.

Durante o tempo livre, Paul e eu tomamos bebidas na praia; e, depois, à noite, dividimos refeições juntos num restaurante, onde discutimos como tudo estava correndo. À tarde, quando as crianças estavam na escola, nadei como um peixe no oceano, meu lugar feliz, onde o estresse e a preocupação mergulhavam no fundo do mar. Meditei em versículos da Bíblia e pintei desenhos em aquarela do cenário da ilha com belos tons de verde e azul.

Paul teve a tarefa mais difícil de nós dois: realizar longas reuniões onde todos devem ser ouvidos. Fazer o trabalho para as crianças não era para os fracos, mas para o guerreiro com espada afiada, figurativamente. Era necessário estar preparado para defender os direitos das crianças e, ao mesmo tempo, manter o abrigo funcionando perfeitamente, sem nenhum caroço na massa.

A administração que supervisionava os gastos de fundos para o projeto das crianças precisava de muita papelada mostrando para onde cada quantia de dinheiro estava sendo enviada. Eles tinham muito dinheiro que diziam que podia ser usado, mas eram avarentos quando se tratava de comprar comida e suprimentos para as crianças. Tentar obter o dinheiro extra necessário era como tirar um osso de um cachorro. Foi desafiador e estressante, mas, no final, possível. Tudo precisava de uma explicação, desde a compra de um novo par de sapatos até pacotes de sopa instantânea. Foi muito trabalho extra para todos os envolvidos. Quando Petra tinha que fazer compras de mercado, ela precisava ser a própria contadora no final, lembrando-se dos códigos e certificando-se de que tudo batia com o orçamento.

— Bem, podemos sempre pedir doações! — disse Paul, quando se referia a comprar novos brinquedos e materiais escolares. Em Jaguariúna, tínhamos o apoio da nossa comunidade, incluindo igrejas de todas as denominações, escolas, clubes e indivíduos. Sempre que algo era necessário, fossem fraldas, leite em pó, sapatos ou roupas para a escola, tudo era fornecido. O Lar Feliz tinha um bom nome e uma boa reputação em Jaguariúna; mas, em Ilhabela, éramos recém-chegados.

— Não, não pedimos doações! — disseram as autoridades da cidade.

Havia muito a aprender trabalhando com a nova cidade e seus modos, que eram tão diferentes dos que estávamos habituados.

O paraíso numa ilha não estaria completo sem alguns desafios aqui e ali, mas havia mais coisas que iriam dar errado.

— É normal ter um pouco de tensão no trabalho; afinal, temos pontos de vista diferentes — disse ao Rodrigo, o psicólogo que trabalhava no Lar Feliz em Jaguariúna.

O slogan na parte de trás do uniforme do Lar Feliz dizia: "Lar Feliz, porque Deus ama as crianças." Era o ponto de partida de todos os que trabalhavam no Lar Feliz: amar crianças. Havia momentos em que as crianças não eram fáceis de amar, mas sempre eram amadas por Deus. Infelizmente, havia muitas variações de como demonstrar esse amor. Em meio a essas diferenças de opinião surgiram sérias divergências.

No Brasil, muitas vezes havia um fluxo fluido de pensamentos, práticas e cores, em vez de preto e branco. As ideias e as leis podiam mudar de um dia para o outro. Teorias não testadas eram postas em prática até se provarem indignas de uso, e tudo mudava novamente.

Petra tinha se estabelecido em casa, no apartamento superior da acolhedora casa verde que era abrigo para dez crianças. Num dia claro, o sol ofereceu uma bela vista das montanhas e da praia. Ela trouxe apenas alguns itens essenciais: roupas, algumas xícaras holandesas e sua máquina de costura. Ela respirou o ar puro e acolheu a mudança de cenário. Era uma cidade de novos começos para ela. Ela era como um belo cisne holandês que, sem um companheiro, continuava a nadar sozinha até o seu destino. Seu coração tinha um vazio, pois desejava ter um companheiro que se juntasse a ela.

Verônica, a amiga que veio trabalhar com ela, tinha pontos de vista muito diferentes sobre quase tudo o que se passava no projeto. Como mulher brasileira que trabalhava em tempo integral como psicóloga infantil, ela foi além das expectativas e viu muitas crianças curadas e libertas do passado. A chave para a terapia era desvendar os pensamentos errados para dar espaço aos novos. Ela não desistia até ver alguns resultados.

Os arredores da exótica casa verde, que eram sossegados durante o dia, ganhavam uma nova vida assim que o sol se punha: a miséria revelada no bairro simples, da qual os pesadelos eram feitos. Descobriu-se que o ponto de ônibus era, de fato, um ponto de encontro para os jovens comprarem e venderem drogas. Mil bicicletas eram pedaladas por meninos adolescentes acelerando sem nenhum lugar real para onde ir. Na sua ociosidade, eles geralmente encontravam encrenca. No Brasil, isso significava drogas. O futuro brilhante estava nublado pela pobreza, falta de acesso à educação e um baixo salário que mal comprava uma refeição. A juventude se voltava para uma solução rápida: vender drogas era dinheiro rápido. Não conseguiam ver além do nevoeiro obstruindo sua visão da produtividade, da paz, da prosperidade e de uma família que fosse inteira. Eles escolheram mergulhar de cabeça no abismo escuro, do qual se levava anos para sair. Todos no Brasil conheciam alguém que tinha um problema de dependência. Estava por toda parte. A promessa dos políticos era como um cheque sem fundo que pouco fazia para satisfazer as necessidades econômicas.

Foi um dia difícil quando Isa e Jeremy disseram:

— Não vamos ficar no Brasil. Não há nada para nós aqui.

Foi decidido, então, que, quando tivessem idade, os nossos filhos se mudariam para os EUA, onde poderiam começar o seu futuro. Eles podiam ganhar dinheiro e construir sonhos que não eram alcançáveis no Brasil para os jovens da época. Eles amavam profundamente o Brasil, as praias, os pães frescos, os churrascos e o senso de humor das pessoas encantadoras, mas não era suficiente para fazê-los ficar. Para mim, foi uma dor contínua não termos os nossos filhos morando no Brasil, mas Isa e Jeremy prosperaram e floresceram nos EUA de uma forma que nunca teria sido possível morando com os pais na vida adulta. Conforme observava os jovens lutando no Brasil para encontrar o seu lugar, foi pelo menos um consolo saber que os nossos filhos adultos não moravam mais aqui. Tinham feito a escolha certa e estavam vivendo as suas melhores vidas.

Enquanto nos reuníamos ao redor da mesa para jantar num restaurante mexicano chamado Kalango, a discussão era acalorada e depois pacífica, como ondas que iam e vinham numa tempestade que se aproximava.

— Não podemos continuar a ter o nosso abrigo para crianças nesse tipo de bairro — dissemos em acordo.

Não havia maneira de ajudar os adolescentes a combaterem os seus próprios demônios com drogas enquanto estivessem próximos do tráfico de drogas em andamento.

— Temos de ir às autoridades da cidade e dizer o que queremos! Vamos falar com a dona Nilse — disse Paul, como plano de ação para um futuro muito próximo. Paul olhou sua agenda no celular e tentou marcar uma reunião com ela.

Os trabalhadores do gabinete do prefeito de Ilhabela trabalhavam longas horas, às vezes até as nove da noite. Dormiam até tarde e depois trabalhavam até mais tarde, ao contrário dos brasileiros das áreas rurais, que se levantavam com o sol e trabalhavam até as seis da tarde. Ambos os grupos trabalhavam muito para melhorar o seu país. Às vezes, tinham um salário grande e, às vezes, não. Porém, realmente faziam o seu melhor trabalho. Apesar de estarmos a apenas seis horas de distância, em Ilhabela era um mundo completamente diferente do de Holambra. Havia uma maneira totalmente diferente de fazer as coisas. Tivemos de começar a aprender tudo de novo.

— Dona Nilse, precisamos ter uma reunião antes de ir para casa em Holambra.

— É muito importante! Pode, por favor, nos dar uma hora do seu tempo?

Paul parecia muito convincente ao telefone, e a dona Nilse, fiel à sua palavra, marcou um horário conosco e com o prefeito para a tarde seguinte, às 14h.

No dia seguinte, serviram um chá de ervas fraco enquanto esperávamos na recepção.

— Pode me dar um pouco de água, por favor? — perguntei.

Estava quente demais para tomar chá. A hora passou, e continuamos a esperar até quase quatro da tarde.

— O prefeito precisou resolver algumas coisas, mas agora vai receber vocês, disse o secretário.

— Duas horas de atraso — disse Petra. (Os holandeses são os mais pontuais do mundo).

Já tinha me atrasado um pouco na vida, mas nunca me atrasei duas horas para um compromisso. Era um grande atraso, mas parecia comum o bastante já que os trabalhadores lá nem pareciam notar.

O prefeito nos recebeu em seu gabinete com um grande sorriso. Ele tinha presentes para as mulheres da equipe, bem como camisas polo para Paul e para mim.

— Estou tão feliz por vocês estarem aqui servindo as crianças nesta ilha — disse ele.

O prefeito era de origem Batista, então Paul sugeriu compartilhar uma Escritura e oração juntos. O prefeito inclinou a cabeça e ficou grato.

Após a breve reunião com as autoridades, foi tomada a decisão de que o governo local iria fornecer os fundos para o Lar Feliz comprar uma nova casa, onde as crianças morariam. No mês seguinte, descobri que o orçamento atingiu um nível mais elevado do que tinha conhecimento. Paul e eu fomos com a dona Nilse e a equipe técnica para comprar a melhor casa. Vi belas casas elegantes na praia que eu adoraria um dia para mim, mas não eram apropriadas para uma casa cheia de crianças de todas as idades. Finalmente, perto da escola de um lado e da praia do outro, encontramos o lugar certo.

CAPÍTULO 33
Abrigo ou lar

"Lar é o lugar onde, quando você precisa ir lá, eles têm de receber você."[17]

— Robert Frost

Enquanto caminhávamos juntos pela casa verde, apontei cuidadosamente algumas coisas para a dona Nilse.

— A sala de estar é tão pequena. Não há muitas coisas que podem fazer lá, só assistir televisão. Em nossa casa em Jaguariúna, as crianças mal assistiam! Olhe para a mesa de jantar ali. É tão pequena que apenas metade dos moradores pode se sentar nela de cada vez. Não seria bom se todos pudessem comer juntos?

Conforme apontei para ela algumas dessas coisas, ela acenou com a cabeça. Ela teve uma nova perspectiva e um objetivo a alcançar.

O quintal da casinha verde, que era do tamanho de uma mesa de cozinha, tinha apenas um pequeno conjunto de balanços. Assim, as crianças ficavam principalmente dentro de casa quando não estavam na escola.

— Imagine se as crianças tivessem uma piscina. Como seria refrescante para elas! — dei a minha opinião, e a dona Nilse gostou das minhas ideias.

No dia seguinte, fomos numa aventura para ver casas em potencial. Descobrimos os muito ricos que residiam em Ilhabela, enquanto antes só

---

17   Robert Frost, *The Death of the Hired Man*, lines 122-23.

víamos as ruas pobres e desesperadas. A diferença entre os bairros era, de fato, enorme. — Quanto é que você disse que esta custa? — Paul perguntou, enquanto olhávamos para uma propriedade remota, com flores vermelhas crescendo pelo caminho. Era incrivelmente luxuosa e preenchia todos os requisitos.

— Um milhão! — disse dona Nilse.

— Está um pouco fora de mão, no entanto, para o abrigo das crianças. Devemos olhar uma mais perto da escola.

Finalmente, encontramos uma nova casa, perto da escola, do hospital e do mercado. E o mais importante, ficava a uma curta distância a pé da praia!

Sim! Eu sabia o que faria durante o meu tempo livre!

Petra e Verônica continuaram a trabalhar duro no novo lar das crianças, que estava em constante movimento de mudança. Havia reformas que precisavam ser feitas, o jardim precisava ser cuidado, os trabalhadores iam e vinham e muitas crianças novas chegaram, até que a casa estivesse cheia. Elas quase não tinham descanso e dedicavam-se completamente ao Lar Feliz, em Ilhabela.

Quando ligamos para Petra para verificar como ela estava, ela disse que continuava a sentir a dor solitária da saudade dos seus amigos em Jaguariúna e também se sentia deslocada. Ela falou de outros sonhos que desejava perseguir, mas não podia, por causa da responsabilidade pesada de gerenciar o abrigo.

Verônica a tinha convidado para um grupo familiar de uma igreja estimulante chamada Bola de Neve. Como não havia neve no Brasil, provavelmente tinha esse nome porque cresceu como uma bola de neve descendo uma colina, ficando cada vez maior.

No grupo e na igreja, ela conheceu um homem bondoso chamado Franklin. Tinha um sorriso brilhante e pele bronzeada. Ele amava a ilha e era um grande esportista. Ele amava o Senhor Jesus e brilhava Sua luz aonde quer que fosse, e capturou o coração de Petra.

Ele também parecia gostar dela, mas, depois de orar, parecia melhor esperar.

— Sejam guiados somente pela paz d'Ele — disseram os seus pastores.

Tudo tinha seu tempo perfeito. Ainda assim, mantiveram contato e tornaram-se muito bons amigos.

À medida que o Lar Feliz Ilhabela continuava a crescer e a prosperar, uma segunda casa foi aberta para acompanhar todas as crianças que chegavam. Foi decidido alugar uma propriedade do outro lado da rua para dar espaço a mais crianças. Havia famílias inteiras de irmãos sendo enviadas ao lar. Os irmãos e irmãs eram mantidos juntos e encorajados a manter contato, reforçando o vínculo existente. Cresceu tanto que os vizinhos começaram a reclamar do barulho.

— Talvez possamos fazer um bolo para ela — disse a cozinheira, rindo, enquanto a vizinha gritava com a Petra, que chegava de bicicleta.

— Receio que ela acreditaria que foi envenenado — disse Petra.

Tentaram manter as crianças quietas na outrora pacífica rua do bairro residencial, mas não adiantava. Estavam na cidade, e os menininhos precisavam especialmente de algo para fazer.

Quando Samuel, um jovem do projeto, andou de bicicleta formando um oito pela trigésima vez, quase atropelou um bebê.

— Pare! — gritou o monitor.

Quando ele parou de andar de bicicleta na pequena área, sua mente ociosa pensou em algo mais travesso para fazer. A casa estava cheia.

— É a sua vez — disse eu enquanto desenrolava o resto da massa de cookie numa mesa de madeira que estava generosamente coberta de farinha.

Uma menina com dois rabos de cavalo castanhos escolheu um cortador de cookies em forma de mão e pressionou com toda a força.

— Vai servir — disse eu com um sorriso gentil.

Os biscoitos de Natal foram colocados numa panela redonda e depois no forno quente.

— Hmm — eu disse enquanto saboreávamos os cookies quentes durante o café.

— O que está diferente? Há algo diferente no sabor destes cookies — disse uma das trabalhadoras.

— É a receita da minha avó, e usa manteiga. — Mostrei um pequeno cartão com a receita da minha avó.

— É isso! Senti gosto de manteiga. Nossa, como são bonitos e gostosos esses cookies!

— Vou te passar a receita! São fáceis de fazer e é muito divertido para as crianças!

Eu tinha encontrado um novo lar. Nesta ilha, tudo parecia correr em um ritmo mais lento. As pessoas eram amigáveis e partilhavam café e refeições juntas.

— Quando vocês voltam? — perguntaram enquanto carregávamos as malas no carro para partir.

— Esperamos que em breve! — disse eu, ansiosa para visitar com frequência.

Às vezes, até sentia que poderia morar lá.

Cookies enrolados

Da cozinha de Hazel Willa Perry

- 2 xícaras de farinha
- 1 ½ colher de chá de fermento em pó
- ½ colher de chá de sal
- ½ xícara de manteiga
- ¾ xícara de açúcar
- 1 ovo
- 1 colher de sopa de leite
- 1 colher de chá de baunilha
- 1 colher de sopa de açúcar e ¼ de colher de chá de canela para polvilhar por cima

Instruções:

1. Faça um creme de manteiga e açúcar.
2. Adicione o ovo e bata.
3. Misture a baunilha e o leite.
4. Adicione os ingredientes secos.
5. Deixa a massa esfriar.
6. Faça rolos finos.
7. Leve ao forno a 200 graus durante seis a dez minutos.

CAPÍTULO 34
É tudo um jogo

"O jogo não termina até que tenha terminado."[18]

– Dwight York

Enquanto dirigia apressadamente para casa, saindo do projeto, pensei em parar no mercado da esquina perto de onde morávamos. Não havia carros no estacionamento, e estava fechado no meio do dia. Como uma cena do apocalipse, as ruas que normalmente eram vibrantes estavam completamente vazias, e as lojas e as escolas estavam fechadas. Hoje era o dia em que a seleção brasileira jogava no torneio da Copa do Mundo. Todos estavam em casa assistindo.

Eu tinha acabado de chegar em casa, vestida com a minha camisa da seleção brasileira, quando ouvi o locutor esportivo na televisão gritar em voz alta, em português: "Gol!"

— Para nós ou para eles? — perguntei enquanto ia rapidamente para a sala de estar.

— Quem você acha? — disse Paul.

"Braaaaaaaaaaaaaaaaaasil!" veio o próximo grande anúncio. O Brasil estava na frente, mas talvez não por muito tempo.

---

18   Dwight Yorke, *Born to Score* (London, Macmillan, 2009).

Os dias em que o Brasil jogava não eram nada do que eu já tinha visto. Todos, gostassem ou não de futebol, paravam o que estavam fazendo para assistir e torcer juntos. Os heróis da vida real, muitas vezes vindos das favelas de São Paulo ou do Rio de Janeiro, tornavam-se multimilionários que doavam a instituições de caridade e começavam novas tendências em estilos de cabelo.

Cada menino e algumas meninas tinham esse sonho.

— Se eu praticar e for bom o suficiente, a minha vida vai mudar e eu vou ficar rico.

No Lar Feliz, o nosso campo de futebol de areia era usado todos os dias com crianças descalças tentando fazer um gol.

Na época do Pelé, o jogador mais famoso do Brasil, uma nação mudou, e uma ditadura foi derrubada por causa de uma vitória na Copa do Mundo. O Brasil se tornou uma democracia quando o povo percebeu que tinha um papel no cenário mundial. Era, de certa forma, a razão pela qual o futebol era o elemento mais importante da cultura. O tempo passou, e, à medida que a democracia começou a tomar forma — embora o sistema ainda fosse complicado — as escolas se desenvolveram, e as crianças geralmente cresciam e iam para a faculdade.

Quando o Brasil perdeu para a Alemanha enquanto sediava a Copa do Mundo naquele ano, muitos intelectuais no Brasil opinaram que o país não girava mais em torno do futebol. Mesmo assim, o caso de amor que os brasileiros tinham com o futebol estava longe de acabar.

Em janeiro, o meu irmão, Jason, veio visitar com a sua esposa, Jen, e as filhas, Morgan e Madison. O futebol era o seu esporte favorito, e Jason foi treinador durante anos dos times femininos. Por diversão, decidiram desafiar os meninos pequenos do Lar Feliz para uma partida fácil num campo de tamanho real. Havia meninos de todos os tamanhos jogando e, sob o sol brasileiro escaldante, eles podiam correr durante horas a fio. Eles tinham um par de chuteiras entre eles, então compartilharam. Um menininho usou uma chuteira no pé esquerdo e outro usou no pé direito, e eles se revezaram no time todo para usar as chuteiras. O time do meu irmão perdeu por 0-6, para o seu choque.

— Esses meninos têm talento e potencial — disse ele.

Dois dos meninos do Lar Feliz, de fato, cresceram com uma chance de jogar profissionalmente na seleção brasileira. Quando perguntei ao Felipe, um dos meninos, por que não continuou, ele respondeu que o custo era muito alto.

— A única coisa em que podíamos pensar era em futebol, nada mais — disse ele. Nada de relacionamentos, família, outros interesses ou religião. O futebol tinha de ser o nosso mundo inteiro e nada mais.

Seu irmão Rian também disse:

— O Brasil sempre vai amar futebol. Sabe por quê? É porque temos algo em comum com os outros países do mundo. Podemos chutar uma bola e fazer um gol.

A televisão de realidade já era popular no Brasil muito antes de vir a ser em qualquer outro lugar, e havia um programa particular sobre casos familiares que destruiu várias famílias em um episódio. Nada mais seria como antes, e a que mais sofreu foi uma menininha chamada Suzana.

Em uma noite, o game show surgiu com uma jovem muito bonita e grávida, que estava prestes a apontar o pai do filho que ia nascer: um homem que parecia ser respeitável na sociedade. Entre as cenas de indignação e enjoo, uma família foi perdida. Depois, a jovem escolheu morar sozinha nas ruas. Ela deu à luz a filha, que aprendeu a se defender desde cedo.

Suzana veio para o Lar Feliz aos seis anos de idade. Tinha olhos castanhos cor de mel e um sorriso doce e sincero que me derretia. Tudo começou bem, até que os ajustes da crise começaram. Ela gritava e chorava, e não havia nada que a consolasse. Ela falou muitas besteiras para uma jovem, o que nos levou a acreditar que a sua inocência tinha sido roubada, possivelmente nas ruas onde morou. Muitas vezes, as atividades em grupo com ela acabavam em desastre, quando as coisas não aconteciam como ela queria. Uma vez, durante a atividade de pintura, ela cobriu todas as superfícies de guache preto quando virei as costas por apenas alguns minutos.

Foi um desafio, mas, debaixo dos pedaços do seu ser interior, havia um coração. Ela ainda tinha coragem de amar. Ela amava animais e bebês, e também amava pessoas. Com o tempo, depois de muita terapia e medicação, ela conseguiu se controlar e se manter calma. Ela aceitou Jesus, e é amada pelo seu Salvador. Ela tinha um futuro e uma oportunidade de ter uma vida normal um dia. Era o nosso sonho que ela fosse colocada para adoção por uma nova família. Um dia, no futuro, pode acontecer, mas até lá, ela tem uma família no Lar Feliz.

CAPÍTULO 35
Férias escolares

"A voz de regozijo e a salvação está nos tabernáculos dos justos;
a mão direita do SENHOR age valentemente."

Salmo 118:15

Lar Feliz, Jaguariúna
Janeiro de 2019

As novas camisetas da equipe foram encomendadas em laranja, com letras pretas em negrito que diziam: "Acampamento Lar Feliz 2019", com o logotipo da casinha na frente. O psicólogo Rodrigo e a assistente social Daiane se sentaram no escritório com o Pastor Paul para organizar os detalhes finais para as próximas semanas de férias de verão. Era hora de o Lar Feliz experimentar algo novo.

No mês anterior, tivemos que demitir cerca de 50% do pessoal. Eles saíram com um salário de indenização que os ajudaria, nos meses seguintes, a encontrar um novo emprego. Para a maioria, o tempo e a experiência no Lar Feliz abriram novas portas de oportunidades. À medida que as casas das crianças encolheram em número, os funcionários que ficaram tiveram uma nova visão do que poderia acontecer durante as férias de verão da escola. A ideia era usar os recursos como um acampamento de verão para crianças de bairros carentes.

Usando a rede de contatos que tinham, eles puderam organizar para que crianças de todas as idades viessem passar uma semana no Lar Feliz, onde iriam participar de todos os tipos de atividades, tanto educacionais quanto divertidas. Elas iriam pintar desenhos com o professor Ever, fazer artes e artesanatos com a Tia Jill, nadar na piscina, brincar de jogos e, por fim, fazer um passeio no shopping. A cada semana, um grupo de uma faixa etária diferente viria e se divertiria muito. Voltariam para casa e para as suas famílias revigoradas e felizes.

— Você mora aqui, Miguel? — Robert perguntou.

— Moro, sim. Por quê?

— Eu queria morar aqui também! O Lar Feliz é um lugar maravilhoso! — Robert disse.

Naquele momento, eu cutuquei o Rodrigo.

— Ouviu o que ele disse?

— Ouvi. É incrível, não é? — Rodrigo disse. — É tão bom se sentir apreciado!

As crianças que ficaram por apenas uma semana eram obedientes e gentis umas com as outras. Acontecer uma briga entre elas era uma ocasião rara. Era um novo tempo e uma nova era para o Lar Feliz, em Jaguariúna. Depois de tantos anos difíceis de luta, estávamos numa época de descanso. Assim como a corrente enferrujada de uma bicicleta deve ser lubrificada, pudemos consertar algumas coisas e deslizar sem esforço para a frente, enquanto nos preparávamos para os anos futuros.

Colocamos todos os adolescentes no micro-ônibus alugado. Todos os funcionários estavam vestidos com camisetas laranjas que diziam "Lar Feliz" na frente. Os adolescentes eram de um bairro carente e nunca tinham se aventurado pela grande cidade de Campinas. Todos os olhos estavam colados à janela, apreciando a nova vista. Depois de andarmos na estrada por cerca de quarenta minutos, paramos no estacionamento atrás do Shopping Parque Dom Pedro, o maior shopping da América do Sul. Saímos silenciosamente e viramos para uma entrada bem decorada e brilhante.

— Estamos aqui! Vamos nos juntar — disse o Pastor Paul.

— Cada um de vocês terá duzentos reais para gastar em roupas novas, e isso inclui sapatos novos. Usem bem! Depois de fazer compras, vamos nos encontrar no McDonald's.

Foi o dia perfeito de doação. Cada criança e adolescente estava acompanhado por um voluntário da equipe, que os ajudou a escolher roupas em uma loja de roupas brasileira.

Passaram-se algumas horas. Era hora de pagar as compras. Todas as roupas e sapatos foram passados no caixa.

—Dê-me a conta — disse Paul, pegando seu cartão de crédito para pagar. — Agora vamos comer um Big Mac!

Depois de todos os cálculos terem sido feitos, o total de todas as crianças do acampamento de verão para a compra de roupas novas chegou a doze mil reais, ou cerca de dois mil dólares, dependendo da taxa de câmbio atual. O dinheiro foi fornecido pelo Banco do Brasil, que apoiou o programa de verão. Foi uma época de descanso. Foi uma época de doação.

Quando o acampamento de verão terminou e o último ônibus de crianças se foi pela estrada de terra de volta à cidade, o Lar Feliz ficou calmo novamente. As crianças foram deslocadas para algumas das casas localizadas na fazenda, e o resto dos imóveis permaneceu vazio e não utilizado. O número de crianças foi reduzido a apenas vinte e cinco; antes, o número ficava em cerca de cinquenta. O refeitório dos funcionários era um lugar tranquilo, e um punhado de funcionários fazia as refeições em uma mesa longa. Antes, o barulho do riso e dos pratos batendo enquanto eram lavados abafava a conversa. Os tempos tinham mudado, mas algumas coisas permaneceram as mesmas. A comida era tão deliciosa como sempre com arroz, feijão, frango frito, salada, limonada e frutas frescas de sobremesa.

CAPÍTULO 36
Deus é amor

"A graça muda tudo, até mesmo a forma como você acredita."[19]

– Erich Engler

"Tudo é justo no amor e na guerra"[20], assim como no plantio de igrejas. Era o que parecia. Exceto que, no fim das contas, não era. Não há nada que parta mais o coração de um pastor do que pregar para uma igreja meio vazia. Em vez de ficarmos felizes com as pessoas que vieram, tendemos a nos concentrar naqueles que não vieram à igreja e nos perguntamos o porquê.

Em 2015, Paul, eu e os outros pastores — Rodolfo e Andressa, da nossa congregação — experimentamos uma nova revelação revigorante da graça. Perto do esgotamento de trabalhar muitas horas no Lar Feliz, participamos de uma conferência com Marcel e Cody Gaasenbeek que mudaria para sempre a nossa perspectiva.

Enquanto ouvia os ensinamentos de Marcel sobre o amor de Deus, o véu do medo do homem foi removido do meu coração. A visão e o nosso amor por Jesus foram renovados. Desapareceram as obras fanáticas e mortas que eram como trapos sujos. Tínhamos recebido uma nova visão da graça de Deus. Em vez do esgotamento, recebemos um novo fogo do Espírito Santo,

---

19   Erich Engler, "Next Level Faith" (sermon), Rhema Bible Church, South Africa, December 4, 2023.
20   John Lyly, *Euphues: The Anatomy of Wit* (London, 1578).

um zelo e uma paixão pela Palavra de Deus. Deus fez uma diferença notável em nossas vidas, e no ano seguinte estabelecemos uma nova igreja chamada Comunidade Novo e Livre.

Durante aquele período, recebi vitória em muitas áreas da minha vida depois da simples conferência da graça, onde o amor eterno de Jesus nos foi revelado de uma maneira nova! Percebi que eu era profundamente amada por Jesus, o que causou uma liberdade nos meus outros relacionamentos, incluindo o meu casamento com Paul. O estudo da Bíblia se tornou o meu passatempo favorito. Quando abria a Palavra, lendo pelo poder do Espírito Santo através das lentes da graça, tudo se renovava. Comecei a ver a realização das promessas de Deus e a correlação entre o Antigo e o Novo Testamento.

Alguns anos antes, Paul começou a ter dores de cabeça e cansaço constantes, e ficou com medo de estar morrendo. Quando ele falava comigo sobre isso para me preparar, dei a minha resposta:— Não, você não está morrendo! Eu não vou deixar! Vamos mudar de assunto.

Fomos aos médicos, e nada de errado foi encontrado. Depois de Paul receber oração e a revelação da graça de Deus, as dores de cabeça desapareceram e a sua força foi renovada. Sentimos alegria novamente ao ouvir o ensino da graça todas as manhãs. As coisas que estávamos esperando começaram a acontecer.

A felicidade transbordava quando ficávamos em círculo junto com a equipe da nossa nova igreja. Estávamos abertos há apenas alguns anos, mas já pudemos crescer e nos mudar para um novo prédio. Embora o número de pessoas fosse bom, não percebíamos que algumas coisas não estavam bem com os membros da nossa nova igreja. O crescimento de uma igreja não pode ser medido apenas pelo número de pessoas que a frequentam. Precisávamos ter certeza de que as pessoas novas estavam aceitando o evangelho da salvação, que esses novos crentes também estavam crescendo, e que a nossa visão estava verdadeiramente sendo multiplicada. Às vezes, na cultura do Brasil, as pessoas pareciam estar com você nas ações externas, mas o coração delas estava em outro lugar.

— Suas vidas e os seus pensamentos são renovados todos os dias pela Palavra de Deus!

Paul pregou com entusiasmo.

No entanto, Paul e eu estávamos alheios ao que estava por vir. O prédio da igreja, com aluguel caro, tinha dois andares: o andar de cima era onde realizávamos os nossos serviços, e o de baixo era um brechó que ajudava a pagar o aluguel. O prédio foi organizado para ser usado todos os dias para aulas de inglês e crochê, chá de mulheres, uma feira de campo e grandes eventos de Natal. Tínhamos tudo o que esperar, e acreditávamos que a igreja, uma comunidade de pessoas com a mesma mentalidade, tinha um futuro brilhante. Infelizmente, houve um contratempo à nossa frente.

Na parte de trás da igreja estavam alguns resmungões, de braços cruzados e sussurrando uns para os outros. Pouco tempo depois, a nossa pequena igreja passou por sua primeira divisão.

Críticas podem ser úteis se forem abertas, mas críticas pelas nossas costas para todos na igreja, exceto nós, foi prejudicial. Eles tinham outra agenda em mente, e não tinha nada a ver com o bem-estar da nossa igreja. Em algum momento, eles se foram, mas não antes de influenciar o resto dos membros. Na verdade, a maioria dos membros da nossa igreja foi convidada a conhecer a igreja mais nova do outro lado da cidade, em Holambra. É comum entre os cristãos brasileiros visitar outras igrejas, e pode ser tão inocente quanto visitar amigos nas suas salas de estar. Eu tive que aprender a confiar em Deus com as pessoas que Ele nos dava, e a ser feliz pelos membros aonde quer que fossem, mesmo que não fosse na nossa igreja. Aqueles que ficaram e tentaram melhorar as coisas, aprendi a reconhecê-los como ouro.

Durante aquele tempo doloroso, aprendemos que a graça era evidente quando a igreja estava cheia, e a graça estava lá quando a igreja estava quase vazia. Deus ainda era o mesmo.

— Apreciem os números pequenos! — uma holandesa nos disse quando estávamos no início do plantio da igreja.

Minha amiga Cody me encorajou a deixar ir as pessoas que não estavam crescendo e prosperando. Ela disse que aquelas pessoas eram como um peso segurando um balão que foi feito para voar.

Com o tempo, compreendi. Encher uma igreja não era apenas sobre números. Era sobre fazer discípulos e treinar líderes. Olhando à volta da sala, havia um grupo variado de pessoas, e algumas nem sequer gostavam umas das outras! Para completar, éramos um casal holandês-americano. Tínhamos um caminho a percorrer antes de alcançarmos pessoas novas, que diria, para trabalhar em equipe. Seriam necessários tempo, paciência e poda, mas, em algum momento, chegaríamos lá.

Eu sempre ficava tentada a ir atrás dos que saíram, mas Paul sempre me assegurou que aqueles que estavam destinados a ficar conosco ficariam. Muitos frequentadores da igreja foram convidados a sair com o outro grupinho de resmungões. No fim das contas, alguns saíram, mas o restante não se mexeu e ficou conosco e com a nossa visão.

— Não quero forçar ninguém a ficar — disse Paul. — Que eles sejam felizes e sigam Jesus onde quer que escolham ir.

Foi a melhor maneira de deixar de lado uma situação dolorosa que estava fora do nosso controle, mas, com menos pessoas, o dízimo diminuiu. Ainda assim, conseguimos pagar boa parte do aluguel dos nossos próprios bolsos. Era o nosso sonho, e ainda não tinha acabado. Era só o começo!

Durante o início do plantio da nossa igreja, também vivenciamos um aumento de conflito espiritual. No ano seguinte, fomos testados como nunca antes. Nossa casa foi invadida, nosso carro foi roubado, e houve dificuldades com a família morando no exterior. Foi um ano muito doloroso, mas, quando terminou e Deus nos deu vitória após vitória, o nosso entusiasmo era brilhante, sem uma única sombra sequer sobre ele.

Nossos cultos de quarta-feira à noite foram preenchidos, pois muitos vieram de experiências negativas com igrejas para ouvir mais sobre Jesus e Sua graça.

Paul ensinou a partir de um pequeno manual que foi escrito por um homem da Holanda. Ele falava das Escrituras sobre cura, uma nova identidade, oração e prosperidade, que era, em essência, "ser abençoado para ser uma bênção". No entanto, quando terminamos o nosso estudo do manual, o número de pessoas continuava a definhar. Eu recebi o turno de quarta-feira à noite e pretendia alcançar as mulheres da nossa igreja com um tema sobre sabedoria na vida diária.

Em uma quarta-feira à noite, fizemos o nosso estudo bíblico do livro dos Provérbios. Usamos um guia de estudo do Pastor John van Harn. Como era um pequeno grupo, decidimos formar um círculo de cadeiras no andar de baixo, onde ficava o brechó. Toalhas de mesa leves foram colocadas sobre as prateleiras de vestidos coloridos, e havia uma mesa com uma seleção de brinquedos usados. A porta de vidro foi deixada aberta na frente, e uma luz brilhante estava acesa, atraindo insetos. Talvez alguém pudesse chegar atrasado e entrar, se necessário.

Abri a Bíblia em Provérbios, e, depois da oração, começamos a discutir os benefícios da sabedoria. A porta da frente se abriu, e uma pessoa magra, com um capuz que cobria parcialmente o rosto, esgueirou-se até onde estávamos sentados. A maior parte do grupo eram mulheres, mas o Henrique, nosso filho adotivo brasileiro, estava lá.

A minha cabeça virou para o lado para ver quem entrava, e uma das mulheres começou a tremer depois de o estranho entrar com um ar ameaçador.

— Preciso de dinheiro, e ouvi dizer que tem muito rolando por aqui!

Nosso grupo de estudos da Bíblia ficou congelado. O olhar perplexo em nossos rostos retratou a falta de compreensão do que exatamente estava acontecendo.

— É brincadeira! — disse ele, tirando o capuz e revelando que era um jovem que já tinha visitado antes e até mesmo tocado saxofone no culto.

Ele morava em uma casa, a meio caminho na cidade, que ajudava homens a se recuperar de vícios. Era tão jovem e magro, e parecia até com fome. Foi mesmo uma brincadeira, ou ele perdeu a coragem quando viu que tínhamos Bíblias abertas no colo?

— Posso orar por você? — perguntei, sem sequer pensar ou responder a ele.

Era como se eu estivesse em um nevoeiro que passaria rapidamente. Eu precisava compartilhar a esperança do evangelho, e o risco que eu corria não era importante no momento. Não tive tempo de considerar as consequências ou o que poderia acontecer a seguir.

— Por favor, ore por mim! Preciso de ajuda, e tenho sofrido com vícios há muito tempo — disse ele, ao abrir o coração ferido para todos nós.

Nós nos juntamos ao redor do jovem, e ele fechou os olhos para receber calmamente a oração.

Depois, ele disse baixinho:

— Vocês todos são de ouro. — Ele olhou para o grupo ao redor. — Quando olho vocês com os meus olhos espirituais, eu vejo vocês como ouro.

Alguém do nosso grupo de estudos da Bíblia riu com um suspiro trêmulo de alívio, depois o visitante silenciosamente saiu do prédio sem dizer outra palavra.

— Fiquei com tanto medo! — Kaira disse.

— Eu também — disse Lilla.

Henrique balançou a cabeça, mas não disse uma palavra. Ele conhecia o jovem e tentaria ajudá-lo, se pudesse.

— O que te fez pensar em orar? — perguntou Josi. Você acha que ele estava realmente brincando ou mudou de ideia sobre nos roubar?

— Eu não pensei em nada — disse eu. — Deve ter sido o Senhor me ajudando, porque tudo o que eu queria fazer era orar por ele.

Conversamos um pouco mais antes de terminarmos o estudo da Bíblia. Um homem veio nos roubar, mas, em vez disso, encontrou ouro de verdade. Na semana seguinte, o estudo da Bíblia na quarta-feira à noite estava cheio de vários homens que não estavam vindo regularmente. Cada um cuidava do seu próximo, e todos estávamos seguros, protegidos do perigo e do medo do perigo pelo Senhor. Não trocamos nenhuma outra palavra sobre o jovem que veio, e nunca mais ouvimos falar dele depois daquela noite.

CAPÍTULO 37
Tempestade tropical

"A vida não é esperar que a tempestade passe. É aprender a dançar na chuva."[21]

— Vivian Greene

Ilhabela
Março de 2019

A cada dia que passava, mais crianças chegavam ao abrigo do Lar Feliz Ilhabela. Muitas vezes, famílias inteiras vinham com seus irmãos porque um ou ambos os pais eram usuários de drogas. Também houve casos complicados envolvendo adolescentes problemáticos que foram morar lá. Quando os adolescentes chegavam ao lar das crianças, eram como furacões em forma humana. Muito frequentemente, deixavam suas casas para trás com destruição no seu rastro. Alguns tinham cometido crimes que não foram punidos.

Um adolescente, Roberto, estava causando muitos problemas para Petra e Verônica; por isso, Verônica sugeriu que tentassem conhecê-lo e o seu histórico para compreender melhor o seu comportamento.

Era geralmente verdade que, por trás da vida de um menino rebelde, havia uma história triste de rejeição. Começava com um ou ambos os pais, depois com os professores, e finalmente terminava com a rejeição da

---

21 Viviane Greene, *Good Mourning: What Death Teaches Us About Life* (Los Angeles, Times Mirror Company, January 1, 1992).

sociedade. Em muitas famílias, era algo que continuava a se repetir como um círculo de desgraça. Uma geração se apresentava da pior maneira para a seguinte, e assim o padrão continuava. Só a esperança em Deus e uma série de milagres mudaria isso. Também levava uma quantidade indefinida de tempo e paciência.

Viver no calor de discussões violentas e lidar com adolescentes fugitivos às vezes dava fim à paciência dos funcionários mais produtivos. Seria bom encontrar uma resposta rápida quando não havia uma.

Alguns desses adolescentes vieram até nós pelo programa PPCAM. Era uma organização que ajudava a alocar adolescentes violentos e rebeldes, cujas vidas eram ameaçadas por outros membros de gangues, em abrigos para crianças, onde eram completamente desconhecidos e, na maior parte, estavam escondidos.

— Não tire foto dela! Não é permitido! — Paul sussurrou no meu ouvido enquanto eu tirava fotos das crianças fazendo artes e artesanato ao redor da mesa. Compreendi, mas, infelizmente, apaguei a foto da linda menina com um sorriso aberto segurando o cartão comemorativo caseiro que ela tinha pintado. Pensei em todas as fotografias que tinha dos nossos filhos e dos bebês com que tinha trabalhado no passado. Tirar fotografias era uma forma de captar memórias para mim, mas era uma situação de risco de vida para outra pessoa.

Michael era um jovem alto e forte, que tinha sido enviado para o lar em Jaguariúna. Começou tão promissor, mas acabou ficando entediado com a vida no campo e começou a fugir e a roubar coisas.

Steven era um rapaz inteligente, morando em Ilhabela, que estava aprendendo a falar inglês rapidamente. Ele era fácil de lidar, amigável e cooperativo. Seus pais, que eram ministros da igreja Assembleia de Deus, haviam falecido, deixando sua única irmã e ele. Ele tinha esculpido um lugar em nossos corações enquanto passávamos tempo conversando com ele.

Como ex-membro de gangue, sua vida estava sempre em risco, e ele constantemente olhava por cima do ombro. Ele começou a faltar à escola e até mesmo perder a aula de inglês, que ele amava, sem dar nenhuma boa razão.

Enquanto fazia artesanato e esperava que o Paul terminasse com as suas reuniões intermináveis, ouvi Petra brigando com um dos meninos.

Petra foi firme.

— Você precisa se levantar e ir para a escola!

— Você não pode me obrigar! — Steven disse, com o nariz quase pressionando o de Petra.

— Você tem que pensar no seu futuro! — Petra disse.

Era claro que Petra estava sob muito estresse e começou a ter uma sensação de coceira incomum nos antebraços. A pele dela estava rosada de irritação.

— Não sei o que fazer com ele — Petra nos confessou.

Mais tarde, foi decidido pela equipe técnica de assistentes sociais e psicólogos do juiz que, para sua própria segurança, Steven seria transferido para o Lar Feliz em Jaguariúna. Quando chegou, ele me deu um "oi" amigável com a mão enquanto eu estava na Casa da Esperança, e ele conheceu vários trabalhadores. Finalmente, ele encontrou alguns homens cristãos com os quais podia realmente conversar. Meu coração disparou com a esperança de que este jovem finalmente tivesse a oportunidade de viver à altura do seu potencial. Tudo era novo e diferente. No início, foi uma mudança bem-vinda, mas durou apenas um mês e, depois, ele foi transferido para uma cidade distante que ninguém conhecia.

— É perto de São Paulo — disse alguém.

Havia muitos lugares, incluindo subúrbios, perto daquela monstruosa cidade grande. Ele poderia estar praticamente em qualquer lugar.

Verônica queria saber como ele estava e perguntou a alguém que estava no comando.

— Ele está bem — disse o funcionário.

Isso foi tudo o que ouvimos sobre o Steven, mas, pelo menos, sabíamos que ele estava bem.

Uma noite, enquanto jantávamos, Paul recebeu várias mensagens de texto de Petra. Ele telefonou para saber mais. Foi realmente a pior situação que eu já tinha ouvido falar até aquele momento, e arrepiou a pele atrás do meu pescoço.

— Ah, não sei o que fazer! Como podem fazer isso?

— Vai com calma e me diga o que aconteceu — disse Paul em holandês.

— Estamos recebendo um novo adolescente que foi acusado de estuprar uma menor! Estão enviando para o nosso abrigo porque temem que ele seja assassinado na prisão.

— Então eles estão enviando para um abrigo de crianças, onde pelo menos seis meninas menores estão morando? — Paul perguntou, sem acreditar.

— Elas podem estar em perigo!

— Temos de parar isto! Convoque uma reunião com o juiz.

No dia seguinte, o novo rapaz foi colocado no lar das crianças, com as meninas, os meninos e os bebês. Era contra o protocolo do Lar Feliz. Petra e Verônica foram ao gabinete do juiz na semana seguinte. O juiz era um jovem de olhos frios, que não se iluminavam quando sorria. A decisão do juiz foi final, e soubemos mais tarde, naquela noite.

Petra e Verônica apareceram em frente à pequena mesa do seu escritório. Trouxeram o caso do adolescente que cometeu estupro, na esperança de um resultado diferente, mas ficaram muito desapontadas.

O juiz já tinha tomado a sua decisão final antes de falar com Petra e Verônica. Seu raciocínio era que Ilhabela era rica e tinha os meios para cuidar do rapaz. E, porque o juiz queria que o menino ficasse fora das ruas, ele ficaria!

A bela ilha de Ilhabela tinha muitos problemas escondidos. Havia tantos jovens usando drogas, combinados com a pobreza aqui, ali e em todo lugar. O juiz estava cansado e só queria ir para casa em um horário decente naquela noite. Não havia nada que nenhum de nós pudesse fazer.

Houve pouco respeito pela contribuição profissional delas. Foi tomada uma decisão final, e não adiantava combatê-la. Nos próximos dias, elas teriam que fazer dar certo.

O tribunal infantil ficou entre a cruz e a espada. Tinha que considerar a segurança das outras crianças em um abrigo, mas o que poderiam fazer com um adolescente rebelde que tinha cometido um crime e precisava de ajuda? Ele deveria ser colocado em uma situação em que a luz da sua vida seria rapidamente apagada? Ou deveria receber uma última oportunidade? Todos merecem uma última oportunidade de aprender com os seus erros e melhorar. Pelo menos, isso foi o que as autoridades brasileiras pensaram, onde o preto e o branco viram uma área cinzenta.

Verônica convidou Petra para ir ao grupo caseiro da sua igreja. Embora estivesse cansada depois de um dia de trabalho de doze horas e o peso emocional da situação do adolescente recaísse sobre ela, Petra concordou em ir. Foi lá que ela encontrou Franklin pela primeira vez e o conheceu melhor durante os estudos da Bíblia e a oração.

Era uma viagem de seis horas de Holambra até Ilhabela, e ouvimos músicas de louvor e adoração durante o caminho todo. Rapidamente, chegamos à fila da balsa antes do horário previsto. A água do mar, imóvel, significava que podíamos dirigir até o barco grande sem qualquer espera. Uma vez na ilha, fizemos o check-in nos nossos quartos, em um hotel simpático e barato, sem frescuras e com piso de cimento frio. Trocamos de roupa e nos preparamos para ir visitar as crianças do abrigo. Mais tarde, iríamos jantar para discutir um plano de ação.

Quando chegamos lá, vimos Petra com o rosto perturbado.

— Os dois meninos adolescentes fugiram! Eu tentei, mas não consigo encontrá-los, e eu ligo, mas eles não atendem.

— Então vamos usar o tempo para visitar as outras crianças — disse Paul, sobre o ombro, enquanto caminhava apressadamente para o abrigo.

Tentei acompanhá-lo enquanto levava bolsas cheias de materiais de arte. Fomos recebidos por alguns rostos pequenos e amigáveis, castanho-dourado. Houve abraços por todo lado enquanto as crianças nos cumprimentavam ao entrar.

À noite, conversamos com Verônica e Petra. Eu não tinha muitos conselhos para dar e fiz aquilo em que sou boa. Eu só vim para escutar. No meio da tempestade espiritual com os adolescentes difíceis, começou a ficar claro para Paul que, apesar de querer continuar com o abrigo, era quase impossível devido à distância. Ele precisava colocar a mão na massa, como dizem no Brasil.

CAPÍTULO 38

Um dia na barraca grande

"Aqueles que semeiam em lágrimas colherão com alegria. Aquele que vai adiante e chora, carregando sementes preciosas, voltará sem dúvida com regozijo, trazendo seus molhos consigo."

Salmo 126:5-6

Jaguariúna
2019

— Vamos entrar no circo — disse o psicólogo Rodrigo.

Ele conduziu o caminho até o micro-ônibus, juntamente comigo, alguns outros monitores e muitos adolescentes vestidos com suas roupas de treino.

Uma vez no ônibus, viajamos até Mogi Mirim, onde um novo programa estava sendo apresentado. Mostraram uma nova instalação que incluía uma biblioteca, um salão de refeições e uma academia com uma corda de acrobata. Para nosso espanto, havia ali trabalhadores de circo que estavam treinando quem quisesse subir. Parecia arriscado, mas a adrenalina ajudaria a manter as crianças que vinham depois da escola fora de problemas e das ruas.

— O que aprendemos? — Um jovem saltou do trapézio, os olhos explorando a multidão de crianças.

— Aprendi, através desta experiência, a me permitir conectar com a minha criança interior. Este recurso é significativo para nós utilizarmos em nossas experiências. Uma criança é pura e inocente e pode perdoar e resolver situações de conflito de uma forma saudável — disse Cris, outra psicóloga do Lar Feliz.

— Gostaria de partilhar com vocês meu novo desejo de que todas as crianças aqui nunca se esqueçam de sua criança interior.

Foi uma afirmação muito profunda, que disse tudo para mim. O programa pós-escola era um plano B a ser considerado caso nosso lar para crianças encolhesse e fechasse. Uma nova tendência no Brasil, esse programa era um método para ajudar famílias necessitadas, especialmente aquelas com mães que trabalhavam. Em vez de tirar as crianças completamente de casa, elas seriam cuidadas durante o dia e até educadas, até poderem voltar para casa à noite. Muitas vezes, as crianças regressavam a famílias monoparentais que nunca conheceram uma figura paterna.

Que dia maravilhoso foi aquele, uma memória que ficaria no meu coração para sempre. Enquanto voltávamos de ônibus para o Lar Feliz, pensei em todo o meu tempo trabalhando no abrigo de crianças. A minha paixão tinha sido amar e ajudar as crianças. Eram a minha razão para tudo o que eu fazia. Mesmo depois de se mudarem, pude manter contato com alguns que tinham sido adotados por novas famílias. Os momentos que passei com eles, vendo-os crescer, eram de ouro para mim.

CAPÍTULO 39

Vida na selva

"Assim diz o SENHOR: Amaldiçoado seja o homem que confia no homem, e torna carne o seu braço, e cujo coração afasta-se do SENHOR. Pois ele será como o arbusto no deserto, e não verá quando o bem chegar. Porém habitará os lugares secos no deserto, em uma terra salgada e não habitada."

Jeremias 17:5-6

Viajamos de carro durante a noite escura para um bairro logo na saída da rodovia, quando chegamos a Mogi Mirim. Era chamado Floresta, mas não havia nada de verde morando lá, apenas pessoas tristes e desesperadas. Quando fomos cautelosamente ao longo da rua estreita, com casas de governo padronizadas de cor de cimento, chegamos a uma casa familiar e paramos. Ao longo da rua, estavam crianças, algumas brincando com bolas de futebol, enquanto outras estavam rindo de uma piada, as mãos segurando a boca. O cheiro de fumo excessivamente doce penetrou no ar quando saímos do carro.

Uma vez que entramos na casa onde uma igreja estava se reunindo, fomos recebidos com abraços calorosos, sorrisos e pequenas xícaras de café brasileiro, doce, mas forte, feito à moda antiga, sem uma máquina de café expresso. O clima estava muito úmido, e as pessoas ali estavam modestamente vestidas de shorts e sandálias. Ninguém lá tinha uma Bíblia, e eles mal tinham comida suficiente para passar a semana.

A lei no bairro não estava nas mãos da polícia, mas nas mãos de alguns chefes jovens e poderosos, com armas. Muitas mulheres e crianças viviam abandonadas, mas certamente não necessitavam da pena de ninguém. Os maridos ficavam afastados, por vezes durante meses, na prisão. As mulheres corajosas se aventuravam algumas vezes por semana para ouvir a Palavra do Senhor e aprender sobre a graça. Partilhavam o pouco que tinham com os necessitados. Uma mulher chamada Daiane tinha um sorriso largo e um abraço denso, e ela estava na igrejinha local sempre que as portas estavam abertas.

— Obrigada, Jesus, por me dar vida — disse ela muitas vezes.

Ela trazia o que podia para ajudar os outros. Ensinava às crianças sobre Jesus e, o mais importante, sempre frequentou fielmente a igreja. Ela era frequentemente a primeira a chegar e a última a sair. Morava em condições primitivas e não tinha muita renda para cuidar das suas filhas jovens, mas era espiritualmente rica e cheia de alegria imparável.

Andei em direção à parte de trás da varanda e encontrei alguém lá com um pedaço de bolo de chocolate.

— Quer um pedaço, querida? — ela perguntou com alguns dentes faltando em seu sorriso largo.

Toda vez que um brasileiro estivesse comendo um lanche, sempre oferecia. Eles simplesmente não se sentem confortáveis comendo enquanto outra pessoa pode estar com fome. Já tinham me oferecido meia banana, meia barra de chocolate e meio sanduíche, vez ou outra. Os pobres eram sempre tão gentis. Tinham pouco, mas sempre tentavam compartilhar o que tinham.

— É hora de começar o culto. — A voz do pastor Paul foi ouvida acima do barulho de conversas em torno do café e do bolo de chocolate.

O cantor apareceu e chamou o povo para louvar.

— Aqueles que puderem, fiquem de pé, e vamos começar a oração.

Metade da congregação se levantou e começou a aplaudir no ritmo da música. Depois de três hinos, o pastor deu uma mensagem curta, mas poderosa, sobre a graça e a salvação através de Jesus. Ele ofereceu esperança com o último verso que compartilhou. Terminou de uma forma bonita. Alguns chegaram à frente e se aproximaram para a oração, enquanto outros ficaram sentados. Cada cadeira disponível naquela noite foi preenchida por um corpo que precisava do encorajamento da Palavra e da esperança e conforto infindáveis do Espírito Santo.

Paul e eu entramos no carro para voltar para casa. Foi uma noite agradável. Poderíamos facilmente ter saído para jantar ou ficado em casa descansando, mas os rostos iluminados das pessoas e as mãos cansadas agora levantadas valeram bem o tempo que levou para ir à Selva naquele sábado à noite.

CAPÍTULO 40

Amor

"Que beije-me ele com os beijos da sua boca;
porque o teu amor é melhor do que o vinho.

Cantares de Salomão 1:2

Ilhabela

2020

Enquanto o lar de crianças em Ilhabela enfrentava muitas dificuldades, uma luz brilhante reluzia, e essa luz era uma igreja local. A esposa do pastor, que era a pastora das mulheres e das adolescentes, tomou Petra e Verônica debaixo das asas, e elas começaram a descansar na alegria de saber que o que Deus tinha para o futuro era melhor do que qualquer coisa que pudessem imaginar. O pastor e a esposa acreditavam que Jesus era tudo o que podíamos querer ou precisar, e acreditavam que Deus queria fazer uma mudança no Brasil. A igreja corajosamente alcançou as meninas adolescentes nas escolas e nas ruas com as boas novas do evangelho. Deus tinha um caminho e uma vida melhores para elas! Abriram os braços para os jovens com problemas de vício e para o transeunte ocasional que passava.

A igreja, localizada junto ao mar, estava cheia de jovens de chinelo com areia, turistas com bolsas de marca e tudo o que havia no meio. O Espírito

Santo preencheu aquele prédio belo e antigo, e o evangelho gloriosamente avançou todas as semanas naquele lugar.

A primeira vez que vimos Franklin foi um breve encontro, quando visitamos a igreja de Petra junto ao mar. Ele passou por ela rapidamente enquanto ela se sentava. Ela estava linda com uma roupa de calças brancas que realçava a cintura fina. Ele desapareceu, e não tivemos a oportunidade de nos apresentar.

Eles decidiram não namorar logo de início, pois o coração de Petra precisava ser laçado, porque era o desejo dela ter um relacionamento sério.

Franklin perguntou mais tarde se ela estaria disposta a trocar mensagens de texto. Petra concordou, decidindo que este arranjo parecia melhor do que nada.

Além disso, era bom poder ter um amigo com quem contar. Eles começaram a se conhecer de forma mais pessoal através da troca de mensagens de texto.

Ela começou a contar a Franklin tudo sobre o seu dia e, depois, sobre as frustrações no trabalho; falava sobre o estudo bíblico que foi feito na semana anterior e, finalmente, contou sobre os seus sonhos para o futuro e como queria ajudar adolescentes grávidas.

Franklin mandava para ela mensagens sobre a sua família, sua infância e sua mudança do norte do Brasil para Ilhabela, onde o seu coração tinha encontrado um lar. Ele contou sobre seu trabalho desafiador com um jovem autista nos tempos de escola. Ele também tinha sonhos e planos, como estudar para ser um policial federal. Ele tinha um futuro brilhante em mente.

Assim começou o relacionamento deles por escrito. Estavam mais próximos, apesar de estarem separados.

Na manhã seguinte, Petra recebeu notícias terríveis por telefone. Os missionários que moram longe de sua terra natal recebem todas as más notícias dessa maneira.

Ela soube que a mãe tinha falecido depois de sofrer de uma doença crônica.

Petra reservou o voo e passou tempo com a família, vivendo o luto. Olharam fotografias e partilharam memórias dos bons dias em que a mãe dela estava forte e feliz. Agora, ela estava com Jesus.

Enquanto estava em casa com a família, Petra tomou uma decisão. O ritmo era lento e relaxante, e ela se lembrou dos sonhos que tinham sido deixados de lado durante o seu trabalho no lar de crianças. Ela fez uma busca em sua alma na viagem de avião de volta ao Brasil.

— Precisamos fazer uma reunião e falar pessoalmente — disse Petra a Paul. — Peça que a Jill também esteja presente!

Paul e eu estávamos a meio caminho da ilha quando recebemos a mensagem. Encontramos Petra naquela mesma noite, em uma pizzaria síria perto da praia.

— Tenho novidades, e vocês não vão gostar nada — disse Petra timidamente.

— Bem, continue — disse Paul.

— Vou sair do meu trabalho no Lar Feliz — disse Petra.

Eu não sabia bem como responder e escondi a minha decepção com um sorrisinho.

— Petra, queremos que você seja feliz. Você precisa perseguir os seus sonhos dados por Deus.

— Só teremos que procurar alguém para substituir você. Talvez haja alguém na ilha que possa — disse Paul.

Petra acenou com a cabeça rigidamente.

CAPÍTULO 41

Mudança de planos

"Porque eu sei os pensamentos que tenho sobre vós, diz o SENHOR,
pensamentos de paz, e não de mal, para vos dar o fim que esperais."

Jeremias 29:11

Holambra

Janeiro de 2020

O pastor Rodolfo, de Mogi Mirim, compartilhou o versículo de Jeremias na igreja. Era o Domingo da Visão, e aguardamos ansiosamente a orientação das palavras do Senhor para aquele ano.

— Certamente, o ano de 2020 será cheio de visão e de todo o tipo de bons acontecimentos — disse eu ao Paul, mais tarde naquela noite.

Nosso ano foi meticulosamente planejado de janeiro a outubro, quando tínhamos planejado visitar a Holanda. Em janeiro, iríamos distribuir Bíblias em todas as casas de Holambra, em parceria com diferentes igrejas e com jovens voluntários do Youth With a Mission (Jovens Com Uma Missão). Além disso, uma equipe da Geórgia viria durante três meses para realizar pequenas conversas em grupo sobre o evangelho da graça. Quase já me sentia cansada de pensar em todos os nossos planos e objetivos para 2020!

227

O chá anual das mulheres estava em andamento. Estava organizando um testemunho, as decorações, o esquema de cores, a comida e quem convidar de qual vila. Eu organizaria o sermão principal porque Deus o tinha colocado em meu coração. "Ele é mais do que suficiente" seria a mensagem.

As mulheres da igreja, que moravam principalmente em Holambra, zumbiam como abelhas, transformando o santuário longo e incolor em uma floresta de flores amarelas brilhantes e palmeiras pacíficas. As decorações foram feitas com muito amor, na esperança de que cada mulher se sentisse amada e em casa. Parecia estar funcionando quando as mulheres começaram a chegar com entusiasmo. Para marcar o dia especial, muitas queriam tirar fotos comigo como palestrante do evento e com os seus familiares. Uma van cheia chegou da cidade de Mogi Mirim, e Daiane saiu sorrindo muito, dando calorosos abraços de Jesus em todos os que atravessaram o seu caminho.

A mesa de confraternização de sobremesa com café e suco tinha mais a oferecer do que qualquer buffet de restaurante. Cada belo prato estava cheio de iguarias divinas, como torta de creme de coco, sanduíches de salada de peixe e bolachas de chocolate. A boca dos voluntários começou a salivar. Assegurei aos homens que vieram ajudar na cozinha que podiam desfrutar das sobras quando a refeição tivesse terminado. Havia muita comida, e sobraria mais do que suficiente. As mulheres fariam o culto no andar de cima, e os homens fariam o lanche da tarde em paz. Foi uma troca perfeita, e muitos homens vieram ajudar.

Uma vez que o chá estava quase acabando, fui para o santuário para ficar em silêncio por alguns minutos e preparar o meu coração quando, de repente, o meu telefone apitou. Chegou uma mensagem da minha amiga Débora.

— Olá! — começou a mensagem.

Débora explicou uma reportagem nas notícias que tinha visto recentemente sobre a propagação de um vírus por toda a China.

— Minha família ouviu dizer que o mundo vai acabar em abril. É verdade? Você sabe quando Jesus vai voltar?

Eu tinha ouvido falar do vírus. Eu tinha esperança de que não atingiria o Brasil de forma tão grave quanto atingiu a China.

Respondi cuidadosamente à pergunta da Débora.

— Não, Débora. Não sabemos o dia, a hora ou o mês em que Jesus vai voltar. É um mistério, e precisamos estar prontos a qualquer momento. Vou até aí mais tarde, e podemos conversar. Espero que este vírus não venha para o Brasil, mas devemos ter cuidado e fazer tudo o que pudermos para evitá-lo.

Cliquei em "Enviar" e me levantei para começar o culto para as mulheres.

Depois do último amém, ficou evidente que houve um culto de alegria e que o Espírito Santo tinha movido corações. Sorrisos ficaram registrados quando as últimas fotos foram tiradas nos celulares. A cozinha foi limpa, as luzes foram apagadas e as senhoras voltaram para casa com o coração pleno.

CAPÍTULO 42
O início do fim

"Quando tu passares através das águas, eu estarei contigo. E através dos rios, eles não te submergirão. Quando caminhares através do fogo, tu não serás queimado, nem a chama acenderá sobre ti."

Isaías 43:2

Ilhabela
Fevereiro de 2020

Franklin finalmente teve uma revelação e quis ansiosamente compartilhá-la com sua amiga Petra. Ele estava em paz e queria começar a namorar com ela!

Petra, depois de conhecer Franklin um pouco melhor, queria mesmo começar a namorar também.

Holambra
Abril de 2020

A onda de Covid-19 atingiu o Estado de São Paulo. A fé aumentou na liderança da igreja na nação, e eles indicaram às pessoas que a Covid-19 não chegaria perto. Afinal, era a gripe europeia, e os brasileiros não tinham nada a temer.

Segurei a minha nova Bíblia, lendo o Salmo 91:1 várias vezes: *"Aquele que habita no lugar secreto do Altíssimo, permanecerá debaixo da sombra do Onipotente."*

Nuvens de inquietação pousaram enquanto eu lia e meditava sobre as verdades daquele salmo, um salmo que era praticamente memorizado no Brasil e impresso em tudo, de toalhas de chá a cartões. Muitas Bíblias eram deixadas abertas nas casas precisamente no Salmo 91. Não era só com a minha vida que me preocupava. Meu coração vivia em vários locais. Eu tinha medo por minha família em Ohio, e agora eu não podia viajar facilmente se algo acontecesse.

Nossos filhos, Isa e Jeremy, estavam morando no estado do Texas, e a família de Paul estava na Holanda. Meu coração foi esticado e partido, existindo em vários lugares diferentes no globo. Percebi naquele momento que era melhor não ver as notícias diárias, mas passei meu tempo extra meditando sobre a Palavra de Deus, que me trouxe paz.

Meu coração ardia pelo Brasil, uma terra em desenvolvimento com a inocência de uma criança confiante, à procura da verdade em todos os lugares errados. Os casos aumentaram, ficando cada vez pior até que o número de mortes começou a subir e a se espalhar mais perto da nossa cidade, mais perto da nossa igreja e mais perto do Lar Feliz, o abrigo de crianças.

— Daiane está doente! A igreja precisa orar!

Falaram na conversa do grupo de mensagens da igreja sobre a seriedade do caso dela, como uma mulher de trinta e seis anos com duas filhas jovens.

A igreja continuou a orar à medida que mais membros começaram a contrair o vírus. Bene e Sidnei, um casal fiel da igreja, também estavam em casa, doentes do vírus.

"Os cultos estão cancelados!" Um boletim foi colocado na página do Facebook da igreja: "Faremos cultos online até segunda ordem".

Daiane, de Mogi Mirim, continuou a piorar e foi colocada em um ventilador na enfermaria da UTI. Tínhamos que continuar a orar! Embora algumas igrejas sentissem a fé de continuar a se reunir em público, o Pastor

Paul decidiu contra isso. Encontros em público só aumentariam a propagação do vírus. Tínhamos que proteger os membros da propagação contagiosa.

— A igreja não é um prédio. A igreja somos nós: um organismo vivo e que respira. Somos uma igreja em movimento. Não estamos contidos apenas nas quatro paredes do nosso prédio.

Paul terminou a mensagem com este desafio. Por todo lado, as pessoas estavam com fome e sofrendo. Muitos estavam doentes e morrendo.

Este desafio foi colocado diante de nós. Devia ser a hora brilhante da igreja. Uma grande decisão seria tomada quanto ao grande prédio que tínhamos alugado. Sem uma oferta semanal, seria muito difícil pagar o aluguel alto. Confiaríamos em Deus e deixaríamos ir. A decisão foi tomada por nós quando um lockdown foi instituído no Estado de São Paulo, no Brasil. Ninguém iria, ou deveria ir, ao culto tradicional de domingo à noite na nossa área. Era hora de nos mudarmos, e assim como as estacas de uma barraca grande foram apanhadas para realocar, começamos a pôr a vida da igreja em caixas de papelão, deixando para trás as paredes brancas vazias. Teríamos que seguir a nuvem de glória onde quer que nos levasse.

Holambra
Em lockdown

— Mamãe, eu não vou poder voar para casa para o seu aniversário este ano. Há uma proibição de viagens, e fomos fortemente desencorajados a viajar para outros países — disse eu.

— Tudo bem. Podemos nos ver quando conversarmos por vídeo — minha mãe me tranquilizou.

O vírus estava se multiplicando rapidamente nos Estados Unidos, e estava se multiplicando na mesma velocidade no Brasil. Era impossível para Paul e para mim viajarmos para ver os nossos entes queridos. Nossos planos, que incluíam uma reunião com a nossa escola missionária, estavam completamente fora de questão. Em vez de planejar o ano, tivemos que viver cada semana como ela era. Passamos muito tempo no jardim, saíamos para caminhadas e estudávamos a Palavra de Deus.

Às vezes, era monótono para mim, e Paul começou a reclamar de não poder ir a restaurantes. Todos os dias, brincávamos de jogos e conversávamos um com o outro. Todas as nossas opções recreativas e sociais mudaram. Os shoppings estavam fechados e os cultos da igreja eram realizados online. Rapidamente aprendemos a fazer vídeos de encorajamento com a ajuda de Henrique e Kaira, e realizamos cultos online para crianças com a Josi, usando alguns fantoches.

Tudo tinha mudado de repente. Alguma coisa voltaria a ser como antes? Sentia uma forte sensação de desânimo às vezes, e até me sentia presa de certa forma. Durante toda a minha carreira missionária, sempre encontrei uma maneira de voltar para Ohio para visitas. Agora, todas as minhas seis tias idosas e a minha mãe estavam em risco de pegar o vírus, e eu tinha que ficar em casa, no Brasil. A presença do Senhor me confortou durante aqueles tempos, e eu tinha que continuamente direcionar meus pensamentos a Jesus; caso contrário, a ansiedade e o medo tomariam conta de mim até ficar difícil dormir à noite.

Recebi uma mensagem de voz da minha amiga Cody, da Holanda.

— Jill, como estão as coisas por aí? Eu assisti algumas coisas no noticiário — disse ela.

Conversamos sobre as nossas diferentes situações, e ela me assegurou que a Daiane estaria em suas orações.

Ela então perguntou se eu estaria interessada em fazer uma parceria com a *Redemption Church* (Igreja da Redenção), na Holanda, em um projeto chamado *Filhas da Graça*, uma campanha nas redes sociais apenas para mulheres. Ela queria que eu usasse o meu português para cuidar da página brasileira.

Bem, normalmente não faço serviços de escritório. Eu estava praticamente enferrujada nas habilidades com informática, e o meu português estava a um nível de conversa com crianças, porque eu só trabalhava com crianças há mais de dez anos.

— Vou fazer! Parece ótimo! — disse à Cody.

— Você não sabe nada de computador! — Paul afirmou o óbvio para mim depois de eu desligar.

"Com Deus todas as coisas são possíveis".[22] Onde há vontade, há caminho — disse a mim mesma, e estava ansiosa por aprender.

Mateus 19:26

CAPÍTULO 43
Luz em suas habitações

"Eles não viam uns aos outros, e ninguém se levantou do seu lugar por três dias, mas todos os filhos de Israel tinham luz em suas habitações."

Êxodo 10:23

O Pastor Joshua McCauley fechou o seu culto de segunda-feira de manhã com um chamado para a Ceia do Senhor, ou comunhão. Eu coloquei o meu caderno de lado. Fiz anotações que eu traduziria e colocaria mais tarde no grupo da comunidade da igreja. Paul e eu comemos o pão e bebemos o suco de uva, lembrando o maravilhoso sacrifício de Jesus, nosso Salvador.

Paul então olhou o celular e leu a mensagem: "Daiane talvez saia do ventilador hoje." Louvado seja o Senhor!

Enquanto ainda havia a luz da manhã, decidimos fazer uma longa caminhada juntos. Estando em quarentena, não podíamos sair e ficar perto de outras pessoas. Paul ainda trabalhava uma vez por dia no Lar Feliz, mas eu ficava isolada em casa com frequência.

Colocamos as nossas máscaras e chapéus de proteção e nos aventuramos pelo lago calmo e sereno até o parque coberto, antes de dar uma volta para subir um morro íngreme até o centro da cidade. Paul sempre andava na frente, e eu ia devagar, arrastando os passos logo atrás dele. O sol já estava quente e escaldante na rua, que tinha a fragrância de carne queimada do frigorífico de frango próximo dali. Um pouco mais adiante, sobre o morro, chegaríamos à sombra e a um lago que sempre teve uma brisa agradável, com jardins, animais e árvores altas e deliciosas.

— *Só mais pouco! Você consegue!*

Paul rapidamente chegou ao topo com apenas um pouco de esforço, mas eu achei que iria morrer. Eu estava sem fôlego e vermelha igual beterraba quando finalmente chegamos ao brechó no topo do morro.

— Você precisa de um pouco de água? — Lilla, a gerente, perguntou.

— Claro, mas precisamos continuar.

Andamos mais de uma hora, apreciando vistas deslumbrantes da zona rural de Holambra; caminhamos até o moinho de vento na entrada da cidade, passando por belos jardins e árvores de sombra encantadoras. Foi uma manhã pitoresca, e finalmente voltamos para casa para tomar um copo grande de água mineral com gás, com uma fatia de limão.

Mais tarde, naquela noite, recebemos a má notícia de que a Daiane tinha perdido a batalha contra a Covid, uma jovem no auge da vida. O meu coração afundou até meus tornozelos ao pensar nas duas meninas jovens dela, agora órfãs. Por todo lado, ouvíamos anúncios de morte de amigos e conhecidos. Parecia que todos no Brasil tinham perdido alguém que amavam. O espírito de dor estava fluindo de casa para casa.

Ilhabela
Abril de 2020

— Estamos confinados, e as coisas não vão bem! — Petra nos disse por mensagem de texto, enquanto continuava a chover em Ilhabela. Ela nos dava atualizações diárias sobre o que estava acontecendo na ilha.

— O menino novo está causando tantos problemas, vocês não acreditam. Ninguém pode vir à ilha, e ninguém pode sair da ilha. Os casos de Covid estão aumentando a cada dia.

— Diga ao juiz que queremos uma reunião virtual esta semana, e eu estarei lá —respondeu Paul.

— Está bem!

Petra continuou a enviar mensagens a Franklin, até que um dia ele tomou uma decisão.

Ele queria começar a namorar, mas era quarentena. Ninguém podia sair por causa do lockdown. Então, Petra disse a Franklin que ele teria que esperar! Em seu treinamento, Petra sempre seguia as regras.

Depois de conversarem a fundo, Petra concordou que eles podiam se ver algumas vezes durante o lockdown, se tivessem cuidado e usassem máscaras. Franklin ficou exultante!

Petra era uma guerreira forte, que estava pronta para manter a sua posição. Não era frequente que as coisas se encaixassem tão rapidamente e facilmente. Esse novo relacionamento com Franklin parecia ser exatamente isso. Era fácil e bonito, como uma tarde de domingo ensolarada, quando tudo parecia certo com o mundo.

Franklin foi visitá-la para que eles pudessem orar. Eles inclinaram a cabeça e se lembraram de todas as necessidades presentes. Havia sido uma calamidade após a outra naquele ano, mas, no casulo da sua união, toda tempestade estava calma como deveria ser.

Lar Feliz, Jaguariúna
Maio de 2020

A equipe se reuniu ao redor da mesa na sala de jantar um dia para comer frango frito crocante, arroz com alho e feijão cremoso, com salada de alface e tomate.

No início daquela semana, a reunião remota de Paul com o juiz e a equipe técnica de Ilhabela tinha sido azeda. Paul disse à equipe que, durante a reunião, o juiz parecia estar desligado, como se uma porta tivesse sido batida em seu rosto. Sem dar qualquer crédito às opiniões e sentimentos deles, o juiz decidiu deixar o adolescente que era uma ameaça para o resto das crianças ficar no abrigo. A razão dada era que o conselho de Ilhabela era rico. Tinham os meios e uma bela casa onde um adolescente necessitado podia ficar. Foi decepcionante e sem uma solução concreta. Eles tinham a vida das outras crianças nas mãos e não apenas do pobre adolescente.

— Teremos que desistir do abrigo em Ilhabela. Simplesmente não é possível gerenciá-lo como se deve se não podemos ir até lá. Esses meninos estão causando todo tipo de problema, e eu não tenho como resolver estando longe — disse o Pastor Paul.

— Há algumas coisas que um telefonema não resolve, e estar longe é um problema insuperável. Estamos em um impasse — disse Solange, a psicóloga.

— Além disso, sobre outro assunto, Jill me disse algo hoje de manhã que me fez pensar. O Pastor Júnior vai continuar com o plantio da igreja na nossa propriedade? Ou foi delegada a outra pessoa?

No meio das duas fazendas de propriedade do Lar Feliz, uma pequena igreja rural tinha sido construída recentemente pela denominação Quadrangular do Brasil, sob a orientação do Pastor Júnior, que tinha amor pelo bairro rural em torno do Lar Feliz. Era uma pequena construção que estava aninhada no interior colorido brasileiro, onde os tucanos eram avistados ocasionalmente, juntamente com papagaios e outros animais selvagens.

O bairro incluía fazendeiros que tinham belos cavalos árabes, campos de cana-de-açúcar pelo caminho e vacas magras que comiam a grama debaixo das mangueiras. Não havia muitas pessoas sendo vistas durante o dia, e havia algumas casas de campo de indivíduos que viajavam da cidade de São Paulo. O bairro iluminava a paz durante as horas de luz do dia, e à noite a escuridão escondia as muitas famílias que moravam atrás da estrada de terra principal. Era uma vida rústica, não diferente dos boiadeiros que trabalhavam arduamente na fazenda o dia todo, usando botas curtas de couro, calças jeans rasgadas e chapéus. Eram diferentes das pessoas da cidade, que iam aos restaurantes para almoçar com unhas francesas, cabelo recém-cortado e de salto alto. O povo do campo trabalhava arduamente, e isso era mostrado nos rostos, na simpatia espontânea e no modo direto de ser. A igreja de campo que foi construída no terreno do Lar Feliz tinha apenas um punhado de membros regulares, cerca de trinta, todos de apenas algumas famílias. A visão que o Pastor Júnior tinha não era a mesma da Pastora Débora, a pastora que assumiu a igreja na cidade. Não era para ela, e ela não tinha ideia de como encontraria tempo para pastorear uma segunda igreja na área rural, longe da cidade.

Paul chamou a Pastora Débora para ver como estavam as coisas com o prédio da igreja que era localizado em nosso terreno. Ele me disse depois que tinha a ideia de que a Igreja Quadrangular estava pronta para desistir do seu prédio localizado na área rural.

A Pastora Débora sugeriu que fizéssemos uma reunião com seus pastores e advogados presentes. Uma semana depois, um pequeno grupo chegou à nossa casa. A Pastora Débora carregava uma orquídea amarela lindamente envasada em uma tigela de vidro, que ela me entregou com bondade. Seu sorriso brilhante estava escondido atrás de uma máscara, e ninguém se cumprimentou com um aperto de mão ou um abraço, como era costume no Brasil. Nada era como de costume.

Ao nos sentarmos em círculo na varanda de trás, iniciamos uma oração.

— Senhor, nós viemos até Vós hoje porque precisamos ouvir a Sua voz e sermos guiados por Vós em Sua sabedoria e vontade perfeita.

"Amém", várias vozes disseram enquanto as cabeças curvadas se levantavam.

— Como todos sabemos — começou Paul —, o arranjo da igreja em nosso terreno não funcionou como esperávamos, de fato.

Foi feito um acordo com a Igreja Quadrangular: o uso do terreno na propriedade do Lar Feliz em troca de trabalho jurídico que faria a escritura do imóvel corretamente.

A jovem advogada da igreja assentiu e disse:

— Estamos num impasse. A única coisa a fazer é devolver o terreno ao Lar Feliz.

— Antes de decidirmos, preciso perguntar algo à Pastora Débora — disse eu calmamente, enquanto todos os olhos do grupo se voltavam para mim. — Qual é a sua visão para este prédio? Se Deus deu a você uma visão para ele, talvez seja melhor não desistir ainda.

A pastora Débora tomou um gole de água e respondeu:

— Este prédio não é a minha visão. Quero alcançar as pessoas da cidade. Este é um bairro rural, longe de onde tenho qualquer contato. Seria ótimo se a sua igreja pudesse assumir esse trabalho. Estou totalmente de acordo com a ideia.

Paul colocou a sua oferta na mesa.

— Vamos pagar por todo o trabalho de construção do prédio da igreja dentro de um ano, ou antes, se o Senhor providenciar.

— Negócio fechado! — disse o Pastor Júnior, pulando de alegria. Foi unânime.

Foi um momento de prosperidade durante uma fome sombria, quando todas as expectativas eram desoladoras. Foi um momento de amizade e ajuda, quando qualquer competição entre igrejas foi reduzida a nada; o contraste de alegria, quando recentemente não havia nada com que ser feliz; vida nova, quando a morte estava por todos os lados.

— Acho que vamos nos mudar — disse Paul, mais tarde naquela noite. — Fico feliz por ter ouvido você!

Enquanto nos abraçávamos calorosamente, eu disse:

— Pena que não acontece com mais frequência — e rimos juntos.

CAPÍTULO 44
Quase em casa

"Aqueles que edificavam sobre a muralha, e aqueles que levavam as cargas, com aqueles que carregavam, cada um com uma das suas mãos trabalhava na obra, e com a outra mão segurava uma arma."

Neemias 4:17

Lar Feliz, Jaguariúna
2005

Saí pelo canto de campo aberto até a Casa Meninos, segurando uma criança pequena no colo. Rosalee, uma missionária, outro monitor e eu estávamos com um grupo de crianças, prestes a orar.

— Senhor, Tu sabes que precisamos de terreno para construir um abrigo permanente para o Lar Feliz e as crianças. Este terreno dedicamos a Ti, Senhor Jesus — orou Rosalee.

Naquele momento, todos nós erguemos as mãos para o céu e oramos juntos em voz alta. Foi com fé de crianças que os pequenos, assim como os adultos, oraram e dedicaram aquele mesmo lugar no terreno, que na época era apenas um campo aberto, com mato seco e espinhoso. Este terreno, abençoado pelo Senhor, um dia seria o lugar de uma igreja nova e crescente: a *Comunidade*

Novo e Livre. Esse novo lugar também teria um centro comunitário, onde visões de diferentes igrejas seriam unidas sob Deus e Sua graça.

Centro Comunitário Lar Feliz
2020

No espaço estreito que serviria de santuário da nova localização da CNL, Sidnei trabalhava arduamente, instalando as luzes e cuidando de cada detalhe.

Enquanto trabalhava, orava:

— Senhor, que esta seja uma casa de oração. Que este seja um lugar onde os jovens venham conhecer a Ti. Amém!

Henrique estava instalando o equipamento de som, algo que lhe era completamente natural, embora tivesse apenas treinamento de trabalho. Ele era um músico talentoso, com um bom ouvido.

Luís, marido da secretária Sônia, trabalhou fielmente na limpeza dos pisos de azulejos e regando as plantas. Ele ganhou uma nova vida em Jesus desde que veio para a nossa nova igreja. Sempre que as portas se abriam, ele estava lá, limpando, fazendo café ou ouvindo a Palavra de Deus.

Um estrondo alto encheu o ar de fogos de artifício brilhantes durante uma celebração de Ano Novo: o ano de 2020 finalmente terminou.

Johan e Brenda, um casal da Holanda, se juntaram a nós com uma equipe holandesa, assim como Isa, nossa filha que tinha vindo do Texas. Era um grupo cauteloso, mas estar fora e juntos era como encontrar amigos há muito perdidos. Cuidados eram necessários, sem abraços ou apertos de mão, o que não era costume no Brasil, mas todos ficaram em segurança.

— Não pudemos voltar desde março — disse Johan.

— Foi uma época tão difícil para nós. Que bom que acabou agora. Espero que o próximo ano seja melhor! — Brenda disse ao grupo com cautela.

O melhor ano!

Mal sabíamos que ainda não tinha acabado, mas tínhamos esperança de que o fim chegasse logo.

Na rodovia para Ilhabela

Março de 2021

Paul deslizou para dentro e para fora da fila de carros, conseguindo ir mais rápido e chegando mais cedo do que tínhamos planejado. Chegaríamos à balsa antes do almoço, o que significava que evitaríamos as horas de trânsito. As mulheres do abrigo sabiam o quanto gostávamos de peixe fresco, por isso, costumeiramente, fritavam o pescado do dia e serviam com arroz quente, feijão e salada. Esta seria a nossa última visita à ilha durante muito tempo. A quarentena finalmente acabou, o caminho estava aberto, e nós iríamos dar adeus ao lar de crianças que tínhamos fundado com todo o amor em nossos corações.

Verônica tinha pedido uma oração que conduziu à decisão.

— Vamos fazer oração 24 horas por dia todas as terças-feiras. Gostaria de participar?

— Claro — disse. — Dê-me duas vagas. Honestamente, não estou pronta para desistir de Ilhabela, mas o Senhor sabe de tudo. Vou orar para que tudo saia de acordo com o plano d'Ele. Ele sabe o que é melhor para você, para Petra, para as crianças e para todos os envolvidos.

Algumas semanas depois, uma organização chamada Bom Samaritano fez toda a papelada. Foram aceitos como os novos responsáveis pelo abrigo de crianças. Paul expressou alívio, mas eu precisava ver com meus próprios olhos que tudo estava bem.

Foi um dia luminoso e ensolarado em que chegamos um pouco cedo no porto de São Sebastião, onde, do outro lado do mar, a balsa nos levaria para a bela ilha. A falta de vento significava falta de agitação na água, e foi um passeio mais suave. Eu cobri os braços e as pernas com repelente de insetos, para que não houvesse nenhuma chance de receber outra picada desagradável do infame borrachudo — mosquitos pequenos, sugadores de sangue, que viviam apenas em Ilhabela. Estacionamos em cima da balsa, e uma brisa salgada soprou em nossas janelas enquanto o grande barco se arrastava.

Depois de quinze minutos e algumas fotos tiradas do mar verde azulado e do céu, chegamos à ilha.

— Estamos a caminho — disse Paul numa mensagem de voz a Petra.

— OK, estaremos esperando por vocês na primeira casa.

O trabalho no Lar Feliz tinha crescido tanto que tivemos que alugar uma segunda casa do outro lado da rua onde podíamos alocar todos os meninos pré-adolescentes. A casa era grande, com grandes janelas e uma grande árvore sombrosa. A primeira casa, que era propriedade da Câmara Municipal, esteve em constante reforma no ano anterior. Normalmente, havia vários trabalhadores martelando, despejando cimento ou cortando a grama.

Paul abriu a porta exterior depois de tocar a campainha, e fomos recebidos por crianças felizes e amigáveis. Com acenos e abraços ao redor, lentamente nos aproximamos da sala de jantar, onde uma mesinha muito usada, cheia de comida, nos esperava. Enquanto orávamos e começávamos a comer, os homens espreitavam pelas janelas, indicando que também estavam com fome e prontos para comer.

— Vou ficar tão feliz quando as reformas finalmente acabarem. Quando não é o barulho, eles ficam se intrometendo o tempo todo! — Petra disse, esfregando os braços que estavam irritados com uma alergia.

Depois de comermos, planejamos. Eu faria alguns projetos de arte com o conteúdo da minha bolsa grande e transbordante. Paul tinha organizado várias reuniões com os funcionários do governo. Qualquer que fosse a arte que eu trouxesse para fazer, despertava rostos frescos de interesse e mãos talentosas que podiam desenhar e pintar o que os olhos pudessem ver. Decidimos fazer cartões comemorativos para todas as mulheres que trabalhavam no abrigo. O Dia das Mulheres estava chegando, e era bom que todas as mulheres se sentissem apreciadas e inspiradas.

Uma coisa que eu sabia e muitas vezes dizia: "Sem Deus, o Lar Feliz não existiria; e, sem mulheres, o Lar Feliz também não existiria!"— Franklin e eu gostaríamos de jantar com vocês hoje à noite no Pimenta de Cheiro — disse Petra.

— Com certeza, mal posso esperar — eu disse.

Era um lugar acolhedor junto ao mar, todo decorado em vermelho e amarelo, com ervas frescas plantadas em vasos nas mesas. Durante esta visita, eu precisava matar saudade, expressão em português que significa matar toda a falta sentida de um lugar ou uma pessoa. Significa, no sentido prático, ver todos os que você queria ver, comer em todos os lugares que queria comer e fazer tudo o que queria fazer, sabendo que poderia ser pela última vez, pelo menos por um tempo. Eu aprendi a me adaptar a esta forma de pensar e, juntamente com Paul, nós faríamos exatamente isso!

— Estamos noivos, e gostaríamos que você traduzisse a nossa cerimônia de casamento para o holandês — anunciou Petra a Paul.

— Eu adoraria, e fico honrado! — disse Paul.

— Com certeza, estaremos lá! Eu nunca perderia por nada! — falei.

Era tão bom que os dias de lockdown no Brasil pareciam ter terminado!

— Isa virá nos visitar. Nós vamos trazê-la também!

As ondas do oceano deslizavam suavemente contra a areia, não muito longe da nossa mesa. Os garçons andavam de mesa em mesa, acendendo velas. A brisa do mar levou embora qualquer ansiedade, e não havia um inseto à vista. O arroz foi cozido corretamente; o peixe fresco ao molho de creme estava deliciosamente e as bebidas estavam geladas. Em apenas mais um dia, voltaríamos à nossa casa e para trabalhar em Holambra e em todo o negócio e organização necessários para gerir o lar de crianças em Jaguariúna, bem como a igreja e o centro comunitário de lá.

— O Senhor sabe o que faz — disse a Paul enquanto dirigíamos para casa. O encerramento de um capítulo significava o início do próximo.

CAPÍTULO 45
Da morte à vida

"Ora, Àquele que é capaz de fazer tudo muito mais abundantemente além daquilo que pedimos ou pensamos, segundo o poder que em nós opera."

Efésios 3:20

Eu estava trabalhando no meu escritório quando ouvi algo como um choro ou um gemido.

— Ajude-me! Vem aqui! — disse Paul. — Há algo terrivelmente errado com o Charlie.

Charlie tinha sido o animal mais amável e sábio da nossa casa por quase vinte anos. Corri para a sala de estar e encontrei Charlie de olhos assustados caindo o tempo todo no chão duro de azulejos. Ele tentava se apoiar nas quatro patas, apenas para cair novamente.

— Talvez ele tenha quebrado uma perna.

Parecia que ele tinha problemas em mover o corpo de um lado.

— Vou levá-lo ao veterinário. Segure-o!

As lágrimas se misturaram com a espessa pelagem laranja.

— Ajude-me a levá-lo no carro!

Paul dirigiu sozinho com Charlie no banco de trás. Uma vez no veterinário, as lágrimas fluíram incontrolavelmente. Era cedo demais para dizer adeus a um cachorro tão maravilhoso.

— Charlie teve um derrame — disse Paul ao telefone.

— Eles querem interná-lo durante a noite para observação. Não há muito que eles possam fazer.

Na manhã seguinte, fomos hesitantes para o veterinário chamado Renato.

— Não houve muita mudança — disse ele.

Fomos até o fundo, onde Charlie estava em uma gaiola aberta. Os olhos tristes de Charlie contaram a história que não queríamos ouvir. Era hora de o deixarmos partir.

— Adeus, Charlie — eu disse ternamente, em meio a lágrimas, me inclinando e abraçando ele. O seu pelo grosso confortou o meu rosto pela última vez. — Vou sentir a sua falta.

Fui para o consultório, e Paul ficou ao seu lado até o último suspiro. Saímos do consultório veterinário de mãos dadas.

— Não vamos pegar outro cachorro porque passar por isso é difícil demais — disse Paul, enquanto nos sentávamos no carro para ir embora.

— Fechado!

Juntamente com a morte do nosso cachorro, havia muitas mortes à nossa volta, na nossa cidade e entre os nossos amigos. Todo mundo tinha perdido um ente querido por causa da Covid, e as pessoas estavam literalmente morrendo de fome. Muitas empresas foram interrompidas por causa do lockdown, resultando em pessoas não sendo pagas, o que significava que as famílias estavam sem recursos para sobreviver. Uma melancolia sombria e pesada penetrou a atmosfera. Era difícil imaginar como a vida tinha sido antes.

No Lar Feliz, continuamos a receber crianças novas todos os dias. Às vezes, famílias inteiras de irmãos vinham, juntamente com novas meninas adolescentes que estavam grávidas. Nosso abrigo ficou rapidamente cheio novamente, e tivemos que contratar novos trabalhadores.

Em meio a tantas trevas, as mulheres da nossa igreja receberam um convite para serem uma luz no meio desta escuridão.

— Fiquem acordadas, filhas! Estejam prontas com lâmpadas durante esta estação sombria. Deus deu a vocês uma voz! Quando tivermos uma revelação de Seu amor e fé do tamanho de uma semente de mostarda, não teremos medo ou receio do futuro. Está nas mãos d'Ele. Em Romanos 14:17 diz: "Porque o reino de Deus não é comida nem bebida, mas justiça, e paz, e alegria no Espírito Santo." Agarrem-se nestas coisas: paz, justiça e alegria! — A Pastora Tara McCauley exortou durante o seu sermão.[23]

Adriana trabalhou para o Lar Feliz durante anos, fazendo o marketing. Adriana, Paul e eu entramos num bairro despercebido e desconhecido à beira de Holambra. Havia fileiras de casinhas de madeira, algumas com jardins de flores, outras com brinquedos. Batemos palmas à porta, que era costume no Brasil, para que a sua presença fosse notada. As campainhas nem sempre funcionavam, por isso as palmas davam o sinal de que um visitante gostaria de entrar.

— Sim? — A cabeça de uma mãe aparece na porta.

Paul deu um passo à frente.

— Estamos aqui com a nossa igreja e estamos distribuindo cestos de comida. Você precisa de ajuda?

— Sim! Abrimos o nosso último resto de comida e não sabíamos o que íamos fazer depois. Meus filhos estão com fome e não temos dinheiro porque não tem trabalho agora com o negócio das flores.

A tristeza preencheu o tom dela, e pudemos ver, em primeira mão, o desespero da situação em questão.

Todos, em todo lugar, estavam sofrendo, e muitos tinham perdido alguém que amavam. De repente, a percepção de que a igreja precisava angariar mais dinheiro para comida para essas pessoas indefesas ficou bastante evidente.

---

23 Tara McCauley, "Daughter With a Voice" (sermon), Gracious Daughters Conference, 2020, Redemption Church, South Africa.

Foi um dia desolador e inesquecível para mim e, mais tarde, chorei pensando nisso. Será que a economia do Brasil sobreviveria a tudo isso?

— A tia Pat não está muito bem. Não sei quanto tempo ela tem. Ela esteve muito doente e, agora, não come — disse a minha mãe ao telefone.

— Embora os brasileiros não estejam autorizados a viajar neste momento, por ser cidadã americana, posso voltar para Ohio para uma visita — assegurei a ela.

A tia Pat era uma pessoa muito especial, que amava Jesus e a Palavra de Deus. Ela tinha noventa e seis anos, mas a sua mente era afiada como uma tachinha. Ela ficou cega ao longo dos anos, mas a sua visão espiritual estava mais clara do que nunca. Eu poderia visitá-la uma última vez na sua sala de estar acolhedora, com uma lâmpada de brilho suave. A paz e a presença do Senhor Jesus estavam naquela pequena sala de estar, com uma prateleira que tinha fotos dela e do seu falecido marido, Vernon, juntamente com livros e Bíblias. Ao lado de sua cadeira confortável, ela tinha o aparelho de fitas para ouvir seus audiolivros e música gospel, de vez em quando.

Era uma mulher que tinha sofrido e tinha o dom de ouvir os problemas das pessoas. Quando as conversas que desemaranhavam problemas paravam, ela era frequentemente ouvida dizendo:

— É verdade. Depois, a pessoa voltava para casa em paz, tendo deixado seus fardos naquela mesma sala.

Eu tinha que correr o risco de voar para casa numa pandemia, mesmo que apenas para vê-la uma última vez e dizer adeus.

Paul me levou até o ponto de ônibus em Campinas para viajar até São Paulo, para pegar o avião para os Estados Unidos. Seu abraço de despedida me deu confiança para fazer a longa viagem sozinha. A grande cidade de Campinas, onde os carros geralmente aceleravam como se estivessem em carrinhos bate-bate, agora estava quase vazia de carros e pedestres. Nem mesmo as motos, que viajavam a velocidades arriscadas, estavam nas ruas hoje. Tudo estava parado e calmo.

Quando finalmente cheguei ao aeroporto, fui a primeira na fila a levar a minha bagagem para o check-in. Não havia pessoas atrás de mim. Procurei um lugar que servisse algo para comer, que me sustentasse até que a jornada do dia estivesse terminada. Fui até a alfândega e não havia nenhuma outra pessoa saindo do Brasil. Caminhei rapidamente pelo labirinto para chegar ao agente da cabine. Como americana, fui atendida imediatamente. Não havia ninguém atrás de mim, e ninguém à minha frente no grande auditório, que normalmente abrigava milhares de pessoas em qualquer momento. Mantive a minha máscara preta, pesada, enquanto passava olhando lojas de perfumes cheirosos, livres de impostos, que foram reduzidas a uma cidade fantasma, sem qualquer burburinho. Tirei algumas fotos; depois, me sentei sozinha no portão durante a maior parte da noite até que o avião decolasse. Alguns senhores, provavelmente americanos, também iam fazer o voo longo, noturno, de saída do Brasil.

— Não tire a máscara por nenhuma razão, ou você será removido deste voo! — disse a comissária de bordo. O avião estava quase vazio, e eu tinha um corredor inteiro para mim, o que significava que eu poderia, provavelmente, dormir um pouco.

Quando os carrinhos de comida começaram a vir, a comissária de bordo fez outro anúncio.

— Não tire a máscara, nem para comer! Você pode puxar a máscara para colocar a comida na boca, mas, depois, você deve colocá-la de volta!

Eu não estava com tanta fome.

CAPÍTULO 46
O último suspiro

"Tudo quanto tem fôlego louve ao Senhor. Louvai ao Senhor."

Salmo 150:6

New Franklin, Ohio
Abril de 2021

— É bom ter você em casa — disse a minha mãe. — Archie e Alyce estão à sua espera.

— É bom estar em casa.

— Temos um chá de panela para ir, e queremos ver a tia Pat hoje!

Ela tinha me buscado no aeroporto, e batemos papo no caminho.

Eu estava em quarentena há meses no Brasil, e me senti bem por estar passeando por aí. Minha filha, Isa, estava preocupada com o fato de que estava demorando muito tempo até a vacina chegar ao Brasil; por isso, ela conseguiu que eu recebesse a minha primeira dose num Walmart em Ohio, no dia seguinte à minha chegada. Olhei pela janela para as vistas familiares de Ohio. Árvores verdejantes ao longo da rodovia e uma placa do restaurante Bob Evan me trouxeram de volta à familiaridade. Ao chegar em casa, o cheiro de bolo de banana permeou os meus sentidos.

Archie e Alyce eram dois gatos fofinhos e macios: um macho branco, grande, e o outro uma fêmea pequena, de cor de tartaruga. Quando eram

255

filhotes, pensavam que eram irmão e irmã. Eles certamente lutavam como irmão e irmã, mas ficaram extremamente diferentes em estatura e cor à medida que envelheceram. Archie era o carinhoso, e Alyce era solitária. Ela só se aventurava no colo depois de realmente te conhecer bem ou se estava frio e queria dormir num cobertor. Archie monopolizava a comida e perseguia Alyce pela casa até que ela se esgueirava embaixo de uma cadeira, onde o corpo gordo dele não conseguia segui-la. No meio da noite, Archie veio até a minha cama, dormindo tranquilamente aos meus pés e ronronando como uma fornalha antiga.

Na manhã seguinte, ouvi o momento de oração ao vivo de Cody para a Igreja Gracious Daughters (Filhas Graciosas), na Holanda. Ela ofereceu um estudo bíblico glorioso, cheio de esperança. Depois, saímos para buscar a tia Polly e rapidamente descemos a estrada até a casa da tia Pat. Dentro da casa dela, estava uma calma sobrenatural, e a tia Pat estava em uma cama de hospital no meio do quarto. Ela parecia extremamente magra, e ficou claro que o tempo dela era curto.

— A Jill está aqui — disse a minha mãe.

Tia Pat se sentou na cama. Fui dar um abraço nela. Passamos um tempo rindo juntas enquanto ouvimos as histórias uma da outra. Naquele momento, me esqueci de tudo sobre pandemia, morte e sofrimento. Podíamos rir de coisas que normalmente não eram tão engraçadas. Tia Polly falou sobre a primavera estar chegando e que seria hora de plantar o jardim em breve. A filha dela, Marsha, ficou muito doente recentemente. Decidimos juntar as mãos e orar juntas. No final, declaramos que, não importa o que aconteça, Deus estava sempre lá, e Deus era sempre bom.

— Eu te amo, tia Pat — eu disse calmamente, quando os outros não estavam por perto.

— Você sabe que eu também te amo muito!

As últimas semanas da tia Pat foram cheias de visitas de suas filhas e filhos.

— Quando a árvore da frente desabrochar suas flores amarelas brilhantes, então estarei pronta para ir para o Céu.

A árvore sem nome tinha sido transplantada da Virgínia Ocidental, da fazenda da família de Vernon. Normalmente, por volta de maio, ela exibia suas cores douradas primorosas e se destacava de todas as outras árvores, que eram verdes. Tão certo quanto o dia em que floresceu, a tia Pat respirou pela última vez na Terra e foi viver no Céu com Jesus, a Quem ela tinha amado e servido por toda a sua vida.

Bolo de banana delicioso

por Judy Baughman

- ½ xícara de gordura vegetal
- 1 xícara de açúcar
- 2 ovos
- 3 bananas amassadas
- ½ ´xícara de nozes moídas (opcional)
- 2 xícaras de farinha
- ½ colher de chá de refrigerante
- ½ colher de chá de sal
- ½ colher de chá de fermento em pó

Instruções:

1. Pré-aqueça o forno a 180 graus. Lubrifique uma forma de pão e, em seguida, adicione 1 colher de chá de farinha peneirada no fundo.
2. Faça um creme de gordura vegetal e açúcar batido à mão ou com uma batedeira.
3. Adicione ovos, as bananas amassadas e o restante dos ingredientes.
4. Leve ao forno a 180 graus durante 45 a 60 minutos. Quando o cheiro preencher a cozinha e você espetar um palito de dente e ele sair limpo, então está pronto. Espere 15 minutos para esfriar antes de cortar.

CAPÍTULO 47

Uma porção dupla

"E o SENHOR mudou o cativeiro de Jó quando ele orava por seus amigos;
também o SENHOR deu a Jó duas vezes mais do que ele tinha antes."

Jó 42:10

Holambra

2021

— Papai, você precisa de outro cachorro! — Jeremy disse. Ele veio do Texas para uma visita ao Brasil. — Olhe para a Maxima; ela está tão solitária.

Maxima era um buldogue branco real, de nome dado em homenagem à Rainha Maxima da Holanda. Ao contrário da bela rainha holandesa, havia momentos em que ela gostava de rolar na lama lá fora e depois parecia um porco enquanto andava pela casa.

— Não sei, filho. Dissemos que não teríamos outro cachorro! — disse Paul.

— Bem, não custa nada dar uma olhada — disse eu.

— Vamos! — disse Henrique.

Nós quatro fomos para Sorocaba, uma cidade localizada a cerca de uma hora e meia de distância, onde visitaríamos um canil de pastores belgas, o Groenendael. Foi uma longa viagem, porém bem-vinda depois de ficar confinada o mês inteiro em quarentena.

Finalmente, chegamos à casa e fomos recebidos por uma mulher com vários peludinhos pretos se contorcendo no chão azulejado.

— Oh, céus — eu disse, respirando a doçura dos cachorrinhos. Eram como filhotes de urso peludos de olhinhos pretos. Um descansou nos braços de Jeremy e outro descansou nos braços de Paul.

— Gosto destes dois, mas qual deles devemos pegar?

Um dos filhotes tinha uma barriga gordinha, e o outro era um pouco menor, com características mais afinadas.

— Por que não pegamos os dois? — sugeri.

— Podemos? — perguntou Paul. Ele levantou a cabeça surpreso, a alegria brilhando nos olhos.

— Por que não? — perguntei. — Eles serão um conforto um para o outro.

Nós demos a elas os nomes de Gracie e Maggie. Elas vieram para casa dos van Opstal parecendo filhotinhos de urso, mas, à medida que cresciam e ficavam cada vez maiores, pareciam lobas pretas e se tornaram cachorras muito ativas e leais. Paul, às vezes, as chamava de "meus grandes monstros pretos", e elas faziam muita bagunça. Às vezes, Maxima amava as duas novas irmãs e, às vezes, mal tolerava as duas pastoras.

Lar Feliz, Jaguariúna
Abril de 2021

— Cave um pouco mais fundo — disse Sidnei. — Sei que há algo lá embaixo.

A grande pá do equipamento finalmente parou quando uma fonte de água limpa jorrou e borbulhou para a superfície.

— Temos água!

— Isso fará uma grande diferença no pagamento da conta de água — disse Paul.

Através da intuição de Sidnei, os homens encontraram uma fonte subterrânea no terreno do Lar Feliz, perto do centro comunitário. A fonte de água limpa e viva foi localizada bem entre a primeira e a segunda fazenda de propriedade do Lar Feliz.

A primeira fazenda, que foi originalmente usada para equipes de trabalho, agora estava alugada como uma casa de recuperação para homens. Muitos homens chegavam à medida que o problema das drogas na sociedade brasileira continuava a crescer. Johan Toet, nosso amigo holandês, fazia visitas mensais ao lar e levou muitos homens a darem a vida a Jesus. Logo depois de tomarem decisões, foram batizados e tornaram-se membros regulares da nossa igreja. Uma caminhada de 20 minutos pela estrada levava ao abrigo de crianças Lar Feliz.

— Deve haver água o bastante para todos! — disse Sidnei.

Apesar de termos perdido o prédio onde tínhamos originalmente plantado a igreja, o Senhor nos deu o dobro do que tínhamos antes: terra, água, estacionamento, novos membros e um prédio totalmente novo! Desde que abrimos as portas do nosso novo prédio, ele estava cheio. Os dias de prédio vazio com aluguel caro ficaram para trás.

CAPÍTULO 48
Uma linda noiva

"E eu, João, vi a santa cidade, a nova Jerusalém, descendo do céu, da parte de Deus, preparada como uma noiva adornada para o seu marido."

Apocalipse 21:2

Centro Comunitário Lar Feliz
2021

A música suave de louvor começou, e as pessoas entraram para se sentar no novo prédio da sua igreja. Henrique tinha garantido que o equipamento de som fosse da melhor qualidade disponível e mostrou isso. Cada detalhe tinha sido pensado: as lâmpadas penduradas nas laterais que davam uma sensação de aconchego, e a parede marrom chocolate na frente do santuário — uma cor acentuada que atraía os olhos para a banda e para o pregador. Tudo estava praticamente pronto, e cada assento da igreja estava preenchido, todos os olhos fixos para frente, com as mãos levantadas em louvor e oração.

Apenas uma semana antes, os homens da casa de reabilitação ouviram falar de Jesus por Johan, Brenda e seu grupo de holandeses. Depois de ouvir os testemunhos e a Palavra de Deus, os homens receberam Jesus como seu Senhor e foram batizados. Eles eram novas criaturas. As coisas velhas eram passadas, e todas as coisas se tornaram novas.[24]

---

24 2 Coríntios 5:17

Do outro lado do corredor, havia um grande grupo de crianças, sentadas silenciosamente em pequenos grupos com irmãos, irmãs e monitores do abrigo. As meninas estavam usando vestidos floridos, e os meninos, suas melhores calças jeans e tênis. Todos tinham caminhado do abrigo do Lar Feliz para a igreja sob o céu claro e noturno, que estava cheio de estrelas.

— Oi, Pastor Paul! — Todos acenaram "olá" enquanto Paul caminhava até o púlpito. Ele abriu o culto com uma palavra de louvor ao Senhor por tudo o que Ele nos trouxe.

Uma melodia familiar de louvor preencheu a igreja quando Camily, a jovem líder da dança, começou a interpretar as palavras da canção por meio de movimentos criativos. Gislaine, uma jovem sentada atrás com sua filha pequena, Manu, ficou comovida e revivida. Mais tarde, ela se juntaria à igreja e serviria de muitas maneiras.

Havia famílias que vieram de Mogi Mirim, Jaguariúna, Holambra e até Pedreira para participar. Todos louvaram juntos em uma sala com a música suave e terna da banda, com Paulo, o baterista de Minas. Depois de cantar a última canção, Keila, irmã de Kaira, caminhou com a cabeça curvada até a parte de trás da igreja e subiu as escadas circulares que levavam às salas de aula das crianças. Uma multidão de crianças a seguiu de perto, ávidas pela lição da Bíblia. Júlia também seguiu Keila para ajudar com as crianças. Keila era uma moça de fala suave, e ela amava as crianças que vinham à igreja. Sentindo esse amor, as crianças se comportaram e ouviram de coração aberto, empolgadas para voltar à igreja toda semana.

CAPÍTULO 49
Uma noiva pronta

"E o Espírito e a noiva dizem: 'Vem. E aquele que ouve diga: Vem. E que aquele que tem sede, venha; e aquele que quiser, que tome gratuitamente da água da vida."

Apocalipse 22:17

Ilhabela
11 de setembro de 2021

Era primavera no Brasil. O inverno tinha passado, e orquídeas brancas e roxas floresciam no jardim. A temperatura do lado de fora estava perfeita, nem muito quente nem muito fria. Enquanto dirigíamos pela rodovia, chegamos à balsa que nos levaria até a ilha. Isa tinha vindo do Texas, e nós três iríamos a um casamento naquele dia: o tão esperado casamento de Franklin e Petra.

Paul era o tradutor, então chegamos à igreja uma hora antes do restante. As grandes janelas da igreja tinham vista para o mar, e as antigas colunas de madeira escura do salão combinavam com a cor natural do santuário. Persianas brancas rústicas adornavam as janelas nas paredes de tijolos claros. Crisântemos brancos em cestos foram colocados no chão no final de cada corredor, e os homens estavam preparando os últimos detalhes do som. Paul falou com o pastor, que era originalmente da Alemanha, mas se casou com uma bela mulher do Brasil.

Os convidados começaram a ir para o salão grande, e os músicos começaram a tocar em belos tons. Famílias e solteiros entraram e se sentaram nos seus lugares, e espalharam por aí que, pela primeira vez desde que a conheciam, Petra estava atrasada. Este era o seu dia especial, que só aconteceria uma vez em sua vida, e ela podia levar o tempo que quisesse no cabeleireiro!

A música continuou, e o sinal foi dado pelo pastor para que todos se levantassem. A congregação gentilmente ficou de pé, e todos os olhos estavam fixados na parte de trás da igreja. Petra entrou caminhando de braço dado com o pai holandês. Seu longo cabelo loiro foi entrançado num círculo que descia pelas costas. Seu vestido e corpete brancos deram-lhe uma aparência majestosa. Franklin, que estava de pé na frente, ficou visivelmente comovido, e seu sorriso irradiava por todo o rosto. Sua mãe, na primeira fila, colocou a mão sobre a boca em surpresa quando Petra passou solenemente. As palavras de Franklin foram ouvidas por nós na primeira fila: — Você está linda!

CAPÍTULO 50
De volta ao início

"Para cada coisa há um tempo, e um tempo para todo o propósito debaixo do céu. Um tempo para nascer, e um tempo para morrer; um tempo para plantar, e tempo para arrancar o que se plantou."

Eclesiastes 3:1-2

Há um tempo para tudo. O Brasil passou por dificuldades e sofrimento durante a pandemia, com a perda de dezenas de milhares de vidas. A economia foi abalada, mas agora era a hora de cantar e começar de novo. Era hora de construir novamente e deixar descansar a dor que tínhamos sofrido.

Deus foi fiel em meio a tudo. De mãos dadas, o povo de Deus sonharia e esperaria por um novo dia e um futuro que fosse próspero e brilhante.

Durante o tempo em que começamos a morar no Brasil, juntamente com a nossa equipe e voluntários brasileiros, fomos capazes de construir um lar feliz para crianças, tijolo a tijolo, e cimentado com oração após oração. O Lar Feliz estava crescendo novamente em número, e o Senhor nos providenciou por meio de muitas pessoas de todo o Brasil e do mundo. As igrejas em Holambra começaram a trabalhar mais próximas, com o objetivo comum de espalhar a luz brilhante de Jesus. Tudo o que tínhamos sonhado estava acontecendo.

Na igreja no Brasil, há uma canção que cantamos que fala sobre Jesus ser o nosso Lar. Aonde quer que eu vá, estou em casa porque Jesus está sempre comigo.

Vou contar a vocês uma história
Sobre uma jovem mãe
Que se mudou para um novo lugar.
Ela morava com pessoas novas,
Que não falavam a sua língua.
Ela estava com medo
Na maior parte do tempo. Até que um dia,
Por causa do amor de Jesus,
Ela tornou-se corajosa o suficiente Para amar com um coração altruísta.
Então, tudo
O que ela desejava
Chegou a ela no tempo certo.
Ao ajudar os pobres,
Ela ficou rica.
Quando ela encontrou um lar Para os perdidos,
Ela também encontrou um.

E ela plantou
Um jardim com flores exóticas
Onde muitos pássaros se aninharam E os gatos vinham brincar.
Seus próprios filhos cresceram;
E seguindo em frente,
Tornaram-se importantes no Texas. Calma, ela ficou com o seu companheiro,
Na terra selvagem do Brasil.
E essa garota sou eu!

Biografia da autora

Jill van Opstal-Popa é uma mulher comum que conhece um Deus extraordinário. Ela é esposa de Paul e mãe de três filhos adultos. Embora seja originária de Akron, Ohio, esteve engajada em missões por quase trinta e quatro anos. Ela serviu pela primeira vez na YWAM (Youth With A Mission, Jovens Com Uma Missão) Amsterdã, onde conheceu o marido, Paul. Nos últimos vinte e dois anos, eles têm servido juntos no Brasil, onde fundaram o Lar Feliz. Pela graça de Deus, Jill ajudou mais de 2.500 crianças por meio desse ministério próspero. Também plantaram uma igreja florescente chamada Comunidade Novo e Livre. Ela vive para proclamar a graça e amor incomparáveis que se encontram em Jesus Cristo; a Ele seja toda a glória.

A missão da Ambassador International é engrandecer o Senhor Jesus Cristo e promover o Seu Evangelho através da palavra escrita.

Acreditamos que através da publicação de literatura cristã, Jesus Cristo e Sua Palavra serão exaltados, os crentes serão fortalecidos em sua caminhada com Ele, e os perdidos serão direcionados a Jesus Cristo como o único caminho de salvação.

Para mais informações sobre a AMBASSADOR INTERNATIONAL visite:

www.ambassador-international.com
@AmbassadorIntl
www.facebook.com/AmbassadorIntl

AMBASSADOR INTERNATIONAL
GREENVILLE, SOUTH CAROLINA & BELFAST, NORTHERN IRELAND

www.ambassador-international.com

Magnifying Jesus while promoting His gospel through the written word.

Agradecemos por ler este livro!

Vocês tornam possível o cumprimento da nossa missão, e somos gratos por sua parceria.

Para ajudar a promover a nossa missão, por favor, considere nos deixar uma avaliação nas redes sociais, no site da sua loja favorita, no Goodreads ou Bookbub, ou em nosso site.

Livros em inglês da Ambassador International

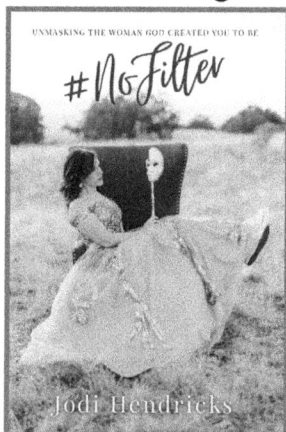

Em #No Filter: Unmasking the Woman God Created You to Be, Jodi Hendricks ajuda você a desafiar os filtros que a escravizaram, a descobrir o chamado para o qual você foi chamada e a se deleitar na verdade de que, como criaturas do próprio Criador, você não precisa de filtros. O Todo-Poderoso que a criou tinha um plano e um propósito para você desde que você foi tecida no ventre da sua mãe, e Ele a chamou para andar de maneira digna desse chamado.

Your Story Isn't Over Yet é uma história real de como a soberania de Deus atuou em meio aos horrores da violência doméstica, agressão sexual, aborto e traumas para, finalmente, demonstrar Seu amor incondicional. Siga o caminho de Grace, de dor, perda e perseverança, até chegar a uma história de amor durante uma pandemia e à alegria que só pode ser encontrada em Jesus.

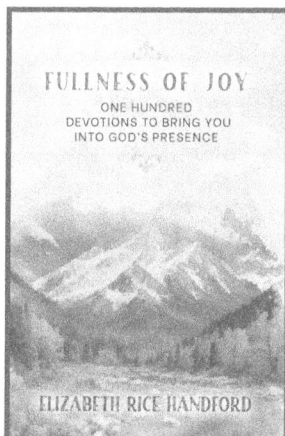

Ao longo dos anos em que serviu ao lado do marido, que pastoreou a Igreja Batista Southside (hoje Fellowship Greenville) em Greenville, Carolina do Sul, por mais de trinta anos, Elizabeth Rice Handford teve a oportunidade de tocar muitas vidas com seus devocionais diários. Em seu novo devocional, Fullness of Joy, explore cem devocionais de Libby, compilados a partir de uma retrospectiva de seus escritos e experiências de vida.

www.ingramcontent.com/pod-product-compliance
Lightning Source LLC
Chambersburg PA
CBHW071410090426
42737CB00011B/1413